ひかりのくに保育ポケット新書②

子どもがこっちを向く「ことばがけ」

～みんなが笑顔になる45のヒント～

元保育士、保育・子育てアドバイザー
原坂一郎／著

ひかりのくに

● はじめに ●

どこの幼稚園・保育園でも子どもがよく言うことを聞く先生と、あまり言うことを聞かない先生とがいるようです。また、同じ先生でも、子どもは言うことを聞くときと聞かないときがあります。

しかし、子どもは決して先生によって態度を変えようとしたり、気まぐれで言うことを聞いたりするのではありません。では、何が違うのか？　言葉が違うのです。子どもが自分からすすんで動くときと動かないときを比べると、そのときにかけた言葉や言い方は全然違っているのです。

子どもがよく言うことを聞くときは共通点があります。

1.自分のしたことや言ったことが受け入れられたとき
2.楽しさ、喜び、安心感など、心に「快」をもたらす満足感を味わったとき
3.わかりやすく具体的に指示されたとき　の3つです。

子どもの動かし方がうまい先生は、子どもに投げかける言葉の中に、必ずそれらが入っています。ふだん、なかなか子どもが言うことを聞かないと嘆く先生が、「きょうは子どもがよく言うことを聞く」というときは、子どもが変わったのではなく、先生の言葉が変わったはずです。

キーポイントは、「まるごと受け入れる」「満足感を与える」「するべきことを具体的に言う」、その3つです。子どもにかけた言葉の中にそれさえ入っていれば、子どもはもう勝手にこっちを向いてくれます。

この本では、保育の中でよくある子どもの困った場面を例にとり、まずそのときに言ってしまいがちな言葉を書いています。そしてその言葉こそが子どもが言うことを聞かない原因になっていることが書かれ、ではどう言えばいいのか、どうしてその言葉で子どもは動くのかまでが、3つの章に分けて書かれています。

私が23年間の保育士生活の中で実践し、その効果はすべて実証済みのものばかりです。

どこから読んでいただいても構いません。場面は45しかありませんが、すべてを読んでいただくと、もうその他のどんな場面でも、どう言えば子どもがこっちを向くようになるかが、わかるようになっているはずです。

日々の保育の中で少しでもお役に立てば幸いです。

本書の特長

- この本を読んで、あなたの「NGワード」が「子どもが笑顔になる言葉」に変われば、保育や子育てがうまくいくようになります!!
- 自分の言葉（心を表すもの）が変われば、あなたは信頼され、子どもたちも変わり「こっちを向く」ようになります。

ポイント1　こんなとき・・・。そんなとき・・・

保育や子育ての中でよくある、子どもの困った場面を具体的に示しています。「そうそう!」「そうなの!」「あるあるそんなこと!」、といったイメージを浮かべてみてください。

ポイント2　NGワード

ポイント1のような場面で、つい言ってしまいがちな言葉です。子どもがこっちを向かない原因になっています。ポイント4と、イメージイラストのふきだしで対比して理解しやすくなっています。

ポイント4　子どもが笑顔になる言葉

ポイント2は、NGワード。では、どう言えばよいのか、その具体例です。NGワードのイメージイラストのふきだしと対比させながら理解を深めてください。なお、これでないといけないものではありません。ポイント5まで読んで、自分なりの言葉も考えてみましょう。

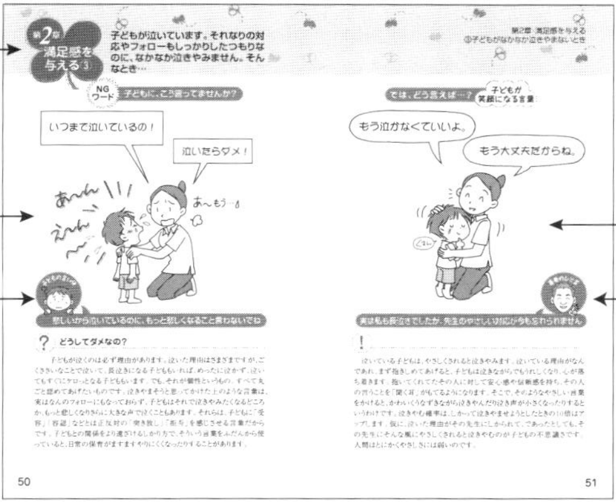

ポイント3　子どもの言い分&どうしてダメなの?

ポイント2のNGワードを言われた子どもの立場を客観的に示し、NGワードが、子どもが「こっちを向かない」原因になっていることを解説しています。

ポイント5　著者のひと言&子どもの心が「こっちを向く」ワケ

ポイント3の、子どもが笑顔になる言葉の「心」をひと言で示し、なぜ子どもが「こっちを向く」ようになるのかを解説しています。

本書の使い方

- どの章のどの項目から読んでもOK!
- どの項目も、ポイント1～ポイント5まで（見開き内）の順に見ていきましょう!
うわべの言葉だけをとらえるのでなく、なぜNGなのか、どうして「こっちを向く」ようになるのかの理解が深まります。
- 読んだ項目は、ことあるごとに実践しましょう!
反対に、あのときどう言えばよかったのかなという反省の中でも役立ててください。きっと、保育がうまくいくようになります。

ひかりのくに保育ポケット新書②

子どもがこっちを向く「ことばがけ」

〜みんなが笑顔になる45のヒント〜

CONTENTS

STAFF　本文レイアウト/プランニングオフィスエニー　校正/山本忠明
本文イラスト/おかじ伸　企画・編集/安藤憲志・長田亜里沙

第1章
まるごと受け入れる

子どもは自分を認めてくれる人を認めようとします。
そして、自分を受け入れてくれる人の言うことはまるごとを受け入れようとします。

第1章 まるごと受け入れる ①

子どもが転んでしまい、「いた～い」と言って泣きべそをかきだしました。そんなとき…

NGワード 子どもに、こう言ってませんか？

痛くない痛くない！
がんばれ！大丈夫！
いたいよ～！

子どもの言い分

ただでさえ痛いのに、心まで痛くなっちゃった

？ どうしてダメなの？

子どもは「痛い」と言っているのですから、痛かったのが事実なのです。なのに、それをわかってもらえるどころか、「痛くない痛くない」と否定されたり、全然大丈夫でないのに「大丈夫！」と決めつけられたりしたのでは子どももたまりません。わかってもらえなかった悲しさ、認められなかった悔しさで、ならばぜひわかってもらおうと、よけいに大きな声で訴えます。そうなったとき、「もう！大げさね」とか、「いつまで泣いているの！」など、追い打ちをかけるように冷たい言葉を投げつけると、子どもは確かにもう泣かなくなるかもしれませんが、「この人は自分を理解してくれない人」というレッテルをはり、その人には、弱音もはかない代わりに甘えることも少なくなり、何か困ったことがあるときもその人には言わず、違う人に言うようになったりします。

では、どう言えば…？ 子どもが笑顔になる言葉

なでる、薬をつけるなど
それなりの対応をした後

大丈夫？
痛かったね。
はい、もう
大丈夫だよ。
著者のひと言

人はわかってもらえるだけで満足するものです

! 子どもの心が「こっちを向く」ワケ

子どもは、ただ痛かったので「痛い」と言っただけです。ウソを言ったわけではありません。それがどんな転び方であろうと、子どもの「痛い」という言葉をそのまま認め、まず何らかの共感言葉をかけます。すると子どもは、認めてもらえたうれしさ、自分の言葉が受け入れてもらえた満足感で心に余裕が生まれ、今度は相手が言う言葉を受け入れる準備ができます。「大丈夫かな?」「我慢できるかな?」などの言葉にもきっとうなずくようになります。大人でも、自分が何か痛い目に遭ったとき、「大丈夫?」のひと言で、痛みはかなり軽減されるものです。先日、ある病院で自分が押しているストレッチャーに足をはさみ「痛～い!」と言った看護士が、いっしょに押していた後輩看護士に「どうしたんですかあ」と言われ、「そ·れ·だ·け?」と皮肉を言っていました。きっと「大丈夫ですか?」のひと言がほしかったのでしょうね。

第1章 まるごと受け入れる②

子どもがどうやらウソを言っているみたいで、本当のことを言いません。でも、どうしても本当のことを知りたい。そんなとき…

NGワード 子どもに、こう言ってませんか?

ウソをついてもダメ！
本当のことを言いなさい！
本当のことを
言わないと怒るよ。
子どもの言い分

本当のことを言ったら、よけいに怒られるもん

? どうしてダメなの?

子どもはウソをつかない、とよく言われますが、子どもはウソをよくつきます。でも、子どもがウソをつく場面は決まっています。本当のことを言うと怒られるときです。子どもは、それまでに、本当のことを言えば怒られ、ウソを言えば怒られなかったという経験をイヤというほどしています。たとえば、何かをなくしてしまい、「なくした」と本当のことを言うと怒られたけれど、「知らない」と言えば怒られなかった、ウンチがしたいから「ウンチ」と言うと怒られたけれど、本当はウンチが出そうだけれど、「(ウンチは)ない」と答えると怒られなかったなどという経験は数多くしているものです。「ウソをついてもダメ」と言われても、そこで本当のことを言うとまた怒られると思い、最後までウソを通そうとし、なかなか本当のことを言ってくれないことが多いものです。

では、どう言えば…？　子どもが笑顔になる言葉

本当のことを言ったら
絶対に怒らないよ。
でも、ウソを言ったら怒るからね。
ん？
あのね……

著者のひと言

本当のことを言ったときにほめていると子どもはウソをつかなくなります

！ 子どもの心が「こっちを向く」ワケ

子どもはとにかく怒られるのがイヤなのです。でも、本当のことを言うと怒られそうだからウソを言っているのに、ホントのことを言ったら怒られず、ウソを言うと怒られるというのです。「じゃあ、怒られない方を選ぼう」と、子どもは本当のことを言うようになる、というワケです。「絶対の絶対に怒らないから」と大げさぎみに言っておくのがポイントです。「怒らないから」と言われて本当のことを言ったのにやはり怒られた、という経験も多くしているからです。一番大切なのは、そうやって本当のことを教えてくれたなら、ホントに怒らないことです。「よく本当のことを教えてくれたね」とほめておくくらいがいいでしょう。そこで怒ってしまえば、「やっぱり怒られた」となり、この方法は二度と使えなくなります。

第1章 まるごと受け入れる ③

食事のとき、おかずはあまり減っていないのに、子どもがお茶のおかわりばかりを言ってきます。そんなとき…

NGワード 子どもに、こう言ってませんか？

もっとごはんを食べてからね。
お茶ばかり飲んだらダメ！
おちゃ ちょうだ～い
子どもの言い分

子どもはお茶いっぱいさえ自由に飲めないんだね

？ どうしてダメなの？

大人はふだん、自分のしたいこと、ほしいものは、小さなレベルでは、自力でほとんど獲得することができます。食事のときに「お茶がほしい」程度の希望は、自分で勝手にかなえています。おかわりをするもしないも自由です。でも、子どもは、その程度の希望さえいちいち大人の許しが必要だったり、かなうどころか、希望を言っただけでしかられたりします。「お茶がほしい」「おかわりちょうだい」程度の要求は、わがままでも何でもなく、「のどがかわいた」という生理的欲求です。大人なら自分で勝手に実現させる、ごく小さな希望なのです。単に希望を言っただけなのに、かなえてくれないどころか、そこでしかられたりイヤミを言ったりする大人に対しては、子どもは「冷たさ」を感じ、またひとつ、その人から子どもの気持ちが遠ざかっていきます。

では、どう言えば…？ 子どもが笑顔になる言葉

はい、じゃコップ半分ね。
お茶を飲んだら
おかずも食べようね。
うんっ♪

著者のひと言

子どもは自分を否定する人は否定し、自分にやさしい人にはやさしくなります

子どもの心が「こっちを向く」ワケ

お茶ばかり飲んでしまうと、確かにそれでおなかが大きくなってしまうこともあります。でも、ほしいと言っているのに全面拒否することもないのです。そこで、中庸策をとります。コップに半分だけ入れるのです。量こそ半分ですが、子どもは「自分が受け入れられた」と思います。その量の少なさよりも、何よりお茶を入れてもらえた、自分が否定されなかった、という満足感の方が大きく、安心するのです。子どもは自分の言動が受け入れられたと知ると自信をもち、次へ進みます。決して子どものいいなりになっているのではありません。大人なら気軽に希望し、気軽に自分で実現させているようなまっとうな望みは、かなえてあげられる条件さえそろっているならばかなえてあげればいいのです。子どもは、自分の小さな望みをかなえてくれる人に対しては、やさしさや愛着を感じ、より心を開いていくものです。

第1章
まるごと受け入れる
④

子どもが泣いています。泣いている理由を聞こうとしましたが、ますます大泣きになり、なかなか教えてくれません。そんなとき…

NG ワード　子どもに、こう言ってませんか？

泣いているだけじゃ
わからないでしょ。
泣いていたら
お友達に笑われるよ。
ううう….
うわ〜ん
え〜ん
ぐしっ
えぐっ
子どもの言い分

慰められているのではなく、結局はしかられているのね

どうしてダメなの？

せっかくやさしく理由を聞いているのに子どもは何も言わない、という状況に、やや感情的になったときに出やすい言葉です。最初はやさしかった口調がだんだん詰問調になってくることもあります。外から見れば、泣いている子どもに理由を聞いているという、一見、やさしいかかわりに見えますが、子どもにはダメ出し言葉の連発にしか聞こえず、何の慰めにもなっていないどころか、むしろ責められているように感じます。ただでさえ悲しいときに、責められたのでは子どももたまりません。よけいに悲しくなり、さらに大きな声で泣いたりします。「泣いていると誰かが笑っている」というのもよく言われる言葉ですが、実際はだれも笑っていないことを子どもは知っています。そういう見え透いたウソをつかれるのも子どもはイヤがります。

では、どう言えば…？ 子どもが笑顔になる言葉

しゃがんだままでもいいので
やさしく抱っこしてから・・・

どうしたのかな？
あのね・・・
理由を少しでも
言ったなら・・・
そう、
わかったわかった、
もう大丈夫よ。
著者のひと言

やさしさに触れると、人は素直になるものです

！ 子どもの心が「こっちを向く」ワケ

泣いている子どもにその理由を聞くなら、とにかく落ち着かせるのが一番です。すべてはその後です。子どもは抱かれると無条件に安心し、心が落ち着きます。しゃがんだ姿勢のままでもいいので、泣いている子どもはまず抱っこです。原因がケンカで、その子が先に手を出していたとしても、まず抱っこ。すると、子どもは安心感と抱っこしてくれたその人への信頼感から、話ができる状態になります。そこで初めて理由を尋ねるのです。泣きながらでも理由を言ったなら、よく聞き取れなくても「ふーん…、そう・・・」「わかったわかった」と相づちを打つのがポイントです。子どもはすべてが受け入れられた満足感から気持ちが素直になっていきます。そこで初めて「でもね・・・」と切り出すのです。今度は子どもがかわいく相づちを打つとともに、もうすっかり泣きやんでいることも多いものです。

第1章 まるごと受け入れる ⑤

子どもがおねしょやおもらしをしちゃったとき、あなたは子どもにどう言っていますか。

NG ワード 子どもに、こう言ってませんか？

またあ。
ダメでしょ。
恥ずかしいなあ。
などのしかり言葉や否定言葉
子どもの言い分
?

怒られても、おしっこって勝手に出ちゃうんだよね

? どうしてダメなの？

おねしょやおもらしをすると、子どもはまず何かを言われます。ほとんどの場合、子どもが聞いてイヤな気持ちになる、心が傷つく言葉が多いようです。でも、おかしなものです。同じようにおしっこをしても、そのときオムツさえしていれば、「おねしょ」とも「おもらし」とも呼ばれず、しかられもしないのです。いずれも子どもはただおしっこをしただけです。なのにしかられるときとしかられないときがある。どうしてか子どもはきっとわかっていません。とまどいます。わけがわからず悲しくなります。おねしょやおもらしをしかると子どもがよく泣くのはそういう理由からだと思います。そのときにしかることは、子どもに「おしっこという生理現象を起こしたらダメ」と言うようなもので、子どもにとっては実に不条理で非情なことなのです。

では、どう言えば…？ 子どもが笑顔になる言葉

あらら、おねしょしちゃったねぇ。
今度はお便所でしようね。
出ちゃったの？
残念！
などのやさしい言葉
著者のひと言

子どものおもらしは、むしろ子どもとの関係を近づけるチャンスととらえましょう

！ 子どもの心が「こっちを向く」ワケ

子どもはしかられるかもしれない状況のときに、やさしい言葉をかけられると、その人に対して大きな愛情と信頼感をもちます。おねしょやおもらしをしたときも、しかられるどころか上のようなやさしい言葉をかけられると、子どもは一生忘れないほどのうれしい気持ちになったりします。そして「今度はお便所でしようね」などの促し言葉にもうなずく素直さも出てきます。おねしょやおもらしをした子どもをしかってしまいやすいのは、その人がその後始末をしなければならないときです。面倒なことをしてくれた、という気持ちがつい言葉で出てしまうのです。その始末を自分がしなくてもいい状況のときは、笑って済ますこともあります。子どものおねしょやおもらしは、本当はしかるほどのことでもないことを知っているからでしょう。

第1章 まるごと受け入れる ⑥

楽しかった遠足やお出かけの帰り道、子どもたちが「また行きた〜い」「明日も行きた〜い」と言ってきました。そんなとき…

NGワード 子どもに、こう言ってませんか?

そんな毎日は行けないの。
明日は、無理よ。
あしたも行きた〜い!
もういけないの?
がっくり…

子どもの言い分

その冷たいひと言で楽しさも消えちゃったよ

? どうしてダメなの?

子どもは楽しいことをすると、すぐにもう一度したがります。子どもが何かをしたりどこかに行ったあとに言う、「明日も行きたい」「明日もしたい」は、その意味を厳密にとらえる必要はなく、「とても楽しかったよ」と感想を言ったと思えばいいでしょう。子どもは、近未来のことはすべて「あした」と言うことが多いので、そのときの「あした」は、「近いうちにまた」という意味で言っただけなのです。大人は、「行きたい」という部分よりも「あした」の言葉にひっかかり、それは不可能なので、「それは無理」「ダメ」と、即座に否定的な言葉を返してしまいます。ただ単に楽しかったことを告げただけ、また行きたいなという夢を語っただけなのに、それさえ否定された子どもは、「またいつか行くことさえ無理」と言われたようで傷つくとともに、またひとつ自分が受け入れてもらえなかったと思い、悲しくなってしまいます。

では、どう言えば…？　子どもが笑顔になる言葉

そうだね、楽しかったもんね。
よーし、じゃあ、またいっしょに行こうね。
あしたも行きた〜い！
わーい！
著者のひと言

子どもは、自分の言動が受け入れられると笑顔になります

！ 子どもの心が「こっちを向く」ワケ

子どもの「明日また行きたい」の「あした」の部分ではなく、「行きたい」という言葉に共感し、まずそれを認める言葉を投げかけることで、子どもはうれしくなって、必ず笑顔になります。「あした」という言葉には最後までこだわらなくてよく、軽く「じゃあ、また行こうね」と夢を与える言葉を言うだけで、子どもはもう自分の希望がすっかりかなったかのような気持ちになり喜びます。子ども自身が「あした」にこだわっていなかったので、その言葉で「明日じゃなきゃイヤ」とまでは思わないわけです。自分の思いを丸ごと受け入れてくれたその人に対しても強い愛着が沸き、子どもとの関係もぐっと近くなります。

第1章
まるごと受け入れる
⑦

「○○くん、おはよう」と子どもにあいさつしても返事がありません。そんなとき…

NGワード 子どもに、こう言ってませんか?

あれぇ、ごあいさつは!?
おはようございますっ!

子どもの言い分

1対1で言うあいさつって僕たちにはけっこう恥ずかしいんだよね

? どうしてダメなの?

子どもは、「いただきます」「ごちそうさま」などの、場面のあいさつは得意ですが、「おはようございます」「こんにちは」「こんばんは」などの、人に向けたあいさつは苦手です。大人はそれらのあいさつは人間関係の基本ですが、子どもの世界はそういうあいさつなしでもお互い十分仲良くやっていけるからでしょう。また、子どもはそれらのあいさつは口に出して言うのが恥ずかしいと思うところがあり、言いにくいようです。確かにあいさつは、されたら返すのがマナーですが、子どもに関しては、返ってこないことが多くあります。そこでしかったり、イヤミを言ったりするのは、指導ではなく単なる苦情です。子どもはいしゅくしてしまい、よけいに言えなくなってしまいます。

では、どう言えば…？ 子どもが笑顔になる言葉

◎◎ちゃんも
<おはよう>って
言えるかな？
オハヨ～…

著者のひと言

子どもの《恥ずかしい》という気持ちを理解してあげよう

！ 子どもの心が「こっちを向く」ワケ

返事が返ってこなかったからと言って、指導が必要だ、どうしても言わさなければ、などと思う必要はありません。子どもがおはようのあいさつを言えないときは、決してしかったり強要したりせず、やさしい対応で、子どもが言いやすい雰囲気を作ってあげることが大切です。そもそもあいさつは返事を期待して言うものではなく、こちらの気持ちの伝達です。子どもにあいさつをしても返事がないときは、何も言わずにそのまま笑顔でいると、子どもは自分が理解されていること、受け入れられていることを知ります。子どもは自分を受け入れてくれる人には、ぐっと信頼感を寄せるものです。そんな人には、きっといつか自分からあいさつしようと思うときがやってくるものです。

第1章 まるごと受け入れる ⑧

実習生が来ました。子どもにやさしいのはいいけれど、着替えなど子どもが自分でできるものも手伝おうとします。そんなとき…

NGワード 子どもに、こう言ってませんか？

○○ちゃん、ひとりでできるでしょ。
子どもはひとりでできるから
手伝わなくていいですよ。
子どもの言い分

これだって新しい人と仲良くなるためのかかわり合い

？ どうしてダメなの？

子どもは服を着せてもらったり手伝ってもらいながらいっしょに何かをすることが、無条件にうれしく、その人に愛着（アタッチメント）を感じるものです。一方、実習生は初めて会った子どもひとりひとりと短時間でいい関係を作らねばならないわけですが、そういう子どもの衣・食・住に関するお世話やお手伝いは、非常に有効な手段のひとつです。ひとりでできることまでお手伝いしてもらっているからと言って、子どもはそれを機会に決して甘えん坊になったりはしません。実習生に限らず、新任の先生など子どもと早くいい関係を作らないといけない人には、子どもが何歳であっても最初の数日間は、そういう子どもの甘えをすべて受け入れるようなことをむしろすすんでやってほしいくらいです。そこで「しなくていい」と言われたら、実習生は自信をなくし、そのあと手伝わないといけないことまで手伝わなくなることがあるので気をつけましょう。

では、どう言えば…？ 子どもが笑顔になる言葉

○○ちゃん、してもらってよかったね。
先生、子どもが<自分でやる>といったら手伝わないでいいですよ。
あっはい
うん！
著者のひと言

衣食住に関するお世話やお手伝いは子どもとのいい関係作りに有効です

子どもの心が「こっちを向く」ワケ

「○○くん、お手伝いしてもらってよかったね」などの、子どもの気持ちと共感する言葉を担任の先生が投げかけることで、子どもたちと実習生の関係がより近づきます。「この先生、やさしいね」、「こんな先生だったらみんな仲良くできるよね、うれしいね」という思いをクラスのみんなで安心して共有できるのです。そのように、担任以外の人が部屋に入ったときは、その人と子どもとのいい関係作りを図るのも担任の先生の役割です。ただし、子どもが「自分でやる」と言うものに関してはもちろん手伝う必要がないので、助言するといいでしょう。そういうアドバイスだと、実習生も決して自分の行動を否定されたわけではないので、モチベーションも下がらない上、手伝うもの、手伝わなくていいもの、の基準がだんだんとわかってきます。

第1章 まるごと受け入れる ⑨

お絵かきをしたとき、まだまだ余白や塗り残しがあるのに「できた!」と言って持ってくる子どもたち。そんなとき…

NGワード 子どもに、こう言ってませんか?

まだ、白いところがあるよ。
もっといっぱいかいてごらん。
かけた!!

子どもの言い分

ほめられると思ったらダメ出しだったよ

? どうしてダメなの?

絵は、子どもの表現のひとつです。子どもはかきたいというものがその紙の中にかけたら、もう満足します。紙全体とのバランス、塗り残しなどはあまり考えないものです。自分がかきたいと思ったもの、表現したいものがかけたらもういいのです。紙の隅々までかく、塗るべきものはすべて塗る、というのは、絵を「表現」とは取らず、「作品」ととらえる私たち大人の悪いところです。子どもは白いところが多かろうと、多少塗り残しがあろうと、少しも困らず、むしろ「かきたいものがかけた」という満足感を味わっています。絵の完成を喜んでもらえるどころか、それを否定するかのような上のような言葉は、子どもにとっては単なるダメ出しにしか聞こえません。またまた自分を認めてもらえなかった、と、がっかりします。

では、どう言えば…？　子どもが笑顔になる言葉

やった、うまくかけたね。
あ、ここにも何かかいてみようか（ここも塗ってみようか）。かけたら（塗れたら）教えてね。
もうすこしかこうかな
うん！

著者のひと言

ダメ出しの前にまず共感

子どもの心が「こっちを向く」ワケ

大人の目には未完成の絵に映っても、本人はかけたつもり（しかもうまくかけたつもり）なのですから、まずはそれを認める言葉をかけます。その言葉に子どもはまず満足します。助言したいことがあれば、そのあと付け加えます。否定されず、共感してもらえたことで満足した子どもは、その助言や指導にも耳を傾け、もう一度認めてもらおうと、素直にその言葉に従うものです。「かけたら教えてね」と言うのがポイントで、子どもに、「うんいいよ、じゃ、かけたら教えてあげるから、そのときまた見てね」と自尊心と期待感を抱かせます。そういうことを繰り返すうち、絵は余白が少なく、塗り残しもない方がきれいに見える、ということに自分で気づくようになっていきます。本人が「できた！」と言った絵は「かきたいものがかけた」ということですから、その喜びを共感するだけでもOKです。

子どもたちに絵本を読もうとしたら「その本、知ってる」「この前もう読んだよ」と言ってくる子どもがいました。そんなとき…

NGワード 子どもに、こう言ってませんか？

それなら、もう読まないでおこうか。
見たくなかったら
見ないでいいよ。
その本 しってる〜!
このあいだも
よんだよね♥
いっしょに♥
せんせ?

子どもの言い分

知っているから知っていると言っただけなのにぃ

どうしてダメなの？

子どもたちにせっかく絵本を読んであげようとしたのに「それ、この前も読んだ」「そのお話、もう知ってる」と言われたら、読む方はなにか読んであげる気が失せてしまい、つい上のような言葉を言ってしまうことが多いようです。でも、ちょっと待ってください。子どもは、単に「その本は、前に読んでもらったことがある」「だから、内容を知ってる」と言っただけなのです。「だから見たくない」とか、「違うのを読んでほしい」とかの苦情はいっさい言っていません。単に事実を言っただけです。しかるべき場面でないのはもちろん、「じゃあ見たくなかったら見ないでいい」などの皮肉や意地悪は言う場面ではないのです。そんなことを言うと、子どもは慌てて「ダメダメ、読んで読んで」と言うはずです。知っていてもまた読んでほしいからです。

では、どう言えば…？ 子どもが笑顔になる言葉

本当？じゃ、もう一度読んでもいいかな？
知ってる人は、知らない人にヒ・ミ・ツにしててね♪
その本しってるよ～!
今日もまたよめるのね♥
いっしょに♥
くまさんチャチャチャ
し～っ
はあ～い

著者のひと言

すぐに皮肉や意地悪言葉を返されることを子どもは嫌います

！ 子どもの心が「こっちを向く」ワケ

子どもは、たとえそのお話を知っていても、絵本は何回読んでもらってもうれしいものです。目の前にあるその絵本も、この前も読んでもらって知っているけれども、もう一度読んでもらうのはまったくOK!さらに、「知っている人は知らない人にヒ・ミ・ツにしてね」なんて頼まれたら、自分だけに頼まれたお願いのようで、うれしくなってしまいます。「OK、大丈夫だよ、絶対に教えないよ」と心の中ではニンマリしているに違いありません。子どもが発した言葉は、切り返し方ひとつで、子どもにいくらでも笑顔を起こさせることができるのです。反対に、すぐに皮肉や意地悪な言葉を返してばかりいると、その人から子どもの気持ちはどんどん離れていってしまいます。

第1章
まるごと受け入れる
⑪

集いで子どもたちに「おはようございまーす」と元気よくあいさつしたのに、返ってきたのは少し元気のない返事。そんなとき…

NG ワード　子どもに、こう言ってませんか？

あれぇ、声が小さいなあ。
さあ、元気よく もう一度！
おはようございまぁ～す….

子どもの言い分

1人ひとりはちゃんと言ったのに・・・

？ どうしてダメなの？

集いなどで一斉にあいさつを返すときは、子どもたちは、どならない程度でちゃんとあいさつを言っているものです。言っていないわけではないのです。ちゃんと言ったのに、認めてもらえるどころか、いきなりダメ出しでは、子どももがっかりです。本当は最初からいきなり大声であいさつすればよかったのでしょうが、叫ぶほど大声であいさつすることなんてふだんはないので、できなかっただけです。もし、いきなり大きな声であいさつをする癖がついていたら、今度はきっと「あいさつはどならないで言おう」とか言われてしまうものです。小さかったかもしれないけれど、あいさつはきちんと言えたのに、それをも認めない、否定的な言葉をまず一番にかけると、子どもはまたひとつ自分に自信をなくしてしまいます。

では、どう言えば…？ 子どもが笑顔になる言葉

みんなもごあいさつができたね。
でも、もっと大きな声で言えるかなぁ？
おはようございます!!

著者のひと言

まずは認める言葉を。言いたいことはその後で言うのがポイントです

！ 子どもの心が「こっちを向く」ワケ

声の大小は問題にされず、「ちゃんとごあいさつができたね」、とまずは自分が認めてもらえたことで、子どもは満足を味わい、自分に自信をもちます。それでこそ次の段階へ進むことができ、「もっと大きい声であいさつできるかな」の問いかけにも、「うん、できるよ」となり、今度は自分からもっと大きな声で言おうとするのです。自分のことをすぐに認めてくれる人の言うことは、子どもも素直に言うことを聞くものです。言うことを聞きたくなる、と言った方がいいでしょうか。反対に、すぐにダメ出しをする人に対しては、子どもは知らない間に反感を募らせ、その人の言うことは何かしら素直には聞きにくい、となっていく傾向があるようです。

第1章 まるごと受け入れる ⑫

集いで子どもたちに「わかりましたか～？」と言うたびに、「ハ～イ」という間延びした返事が返ってきました。そんなとき…

NGワード 子どもに、こう言ってませんか？

返事は『ハーイ』じゃなくって、
短く『ハイ！』です！
ハーイ
子どもの言い分
？

返事をしただけでダメ出しくらっちゃった

？ どうしてダメなの？

「ハイ」などの2文字言葉はどうしても長くなりやすく、大人でも「だめ!」は「だーめ!」、「まだ!」は「まーだ!」となるなど、相手にその言葉をしっかり届けたいと思うほど長くなってしまいがちです。また、大勢に向かって言うとき、最後の2つ目の文字は長くなるのが日本語の特徴で、「おはようございます」は「おはようございまーす」、「お願いします」は「お願いしまーす」となりやすいものです。それで2文字言葉は最初の文字が長くなってしまうのでしょう。しかし、そういう理論を知っていようといまいと、子どものリアクションはありのまま認めてやりたいもの。すぐに「ハーイ」となってしまうのなら、「子どもって『ハイ』と短く言いにくいのだな」と思えばいいのです。子どもの自然なリアクションをまず否定してしまうと、子どもの特徴を理解しにくくなってしまいます。

では、どう言えば…？ 子どもが笑顔になる言葉

元気なお返事だったね。
じゃあ、今度は短く
『ハイ！』って言えるかな？
ハイ！

著者のひと言

わざわざダメなところを指摘せず、まずはほめるところを探しましょう

子どもの心が「こっちを向く」ワケ

たとえ「ハーイ」という間延びした返事であっても、何かを問いかけて返事が返ってきたということは本当はすばらしいことなのです。中・高生ならば（もしかしたら大人でも）そういうときは、返事すら返ってこないものです。きちんと返事ができたということをまずはほめた上で、短い返事をさせたいならば、「返事は短い方がいい」ということを伝えればいいでのです。しかし、1対1のときの「ハーイ」は間延びした感じがしますが、みんなで言うときの「ハーイ」は、先ほどのような理由でごく自然なことなので、特に指導は要しないものです。大人は、子どもができているところに対しては何も言わず、ダメなところを探して否定していく習慣がありますが、できている部分こそほめていくと、子どもは意欲が沸き、その行動はより定着しやすくなるものです。

第1章
まるごと受け入れる
⑬

子どもがいつもならひとりでしていることを急に「これ、やってえ」と甘えてきました。そんなとき…

NGワード　子どもに、こう言ってませんか？

あら、赤ちゃんみたい。
自分でできるでしょ。
はかせて～
子どもの言い分

好きだから甘えたのに・・・。もう嫌いになっちゃいそう

どうしてダメなの？

子どもはいつでもだれにでも甘えていったりは決してしないものです。1.その人を試そうとするとき、2.その人の愛情がほしいとき、3.その人を大好きなとき、にしか甘えていかないのです。子どもが実習生や新任の先生など新しい人によく甘えるのは1の理由です。どのくらい受け入れてくれるか試しているのです。子どもは自分に冷たい人に甘えることもあります。2の目的です。甘えてかわいいところを見せ、気に入られたいのです。1でも2でもないのに子どもが甘えるときの理由は、断然3です。そう、子どもはその人を大好きだからこそ甘えていくのです。「これしてえ」「あれしてえ」・・・確かに甘えかもしれませんが、パパ、ママ、そして担任の先生、とごく限られた人にしか、言っていかないはずです。子どもの甘えを否定ばかりしている人は、子どもの信頼リストからはずされ、やがて甘えてもくれなくなります。

では、どう言えば…？　子どもが笑顔になる言葉

はいはい、
わかりました♪

と言って、
甘えを受け入れる

著者のひと言

子どもを甘やかすことと、甘えを受け入れることはまったく別です

子どもの心が「こっちを向く」ワケ

単なる依頼心で、誰にもかれにも四六時中甘えていくような子どもは、突き放すことも必要かもしれませんが、たまに、そして自分にだけ甘えてくるようなときは、子どもに信頼されている、子どもに好かれていると思って、その甘えを認め、受け入れてあげましょう。やればできること、ふだんはひとりでやっていることでも、「はいはい」といやそうに言いながらもその期待に応えてあげるのです。それでこそ子どもは安心し、子どもとのいい関係も保ち続けることができます。甘えたときに、なんだかんだ言いながら結局は望むことをちゃんとやってくれるのが「自分を愛してくれる人」の共通点です。特に母親がそうです。子どもが何も言ってこないのに、勝手に先にやってしまうのは単なる甘やかしですが、甘えの受け入れは信頼関係の構築です。甘えが受け入れられ、自分が愛されていることを確認できた子どもは、それでこそ次へのステップが踏み出せるのです。

第1章
まるごと受け入れる
⑭

子どもがぬりえをしています。でも、一部を塗って終わり、ぐちゃぐちゃ塗り、1色のみで塗る…の子どもたち。そんなとき…

NGワード 子どもに、こう言ってませんか?

もっときれいに塗らないと!
ぜんぜん塗れてないじゃないの!
ツマンナイ
え〜‥‥
イヤダ イヤダ
や〜めた

子どもの言い分

先生はダメでも、ぼくはこれでいいの!

? どうしてダメなの?

子どものぬりえは、上手になっていく段階がお絵かきよりもはっきりしています。まず、1色で全体をぐちゃぐちゃに塗る→目だけ手だけと、ごく一部を塗る→数色使うが色は関係なく、しかも雑ではみ出しまくる→はみ出して塗るが、塗っている部分が多くなる→塗り残しやはみ出しはあるが、なんとなく上手に塗る→上手に塗る。子どもはみんな、その段階を経てうまくなっていきます。おもに経験枚数がモノを言い、いきなり上手に塗る子どもはいません。大切なのは、どの段階であろうと、子どもはその都度ベストを尽くしたつもりなのでそれを認めるということ。下手や手抜きではありません。今の能力がそれなのです。塗り残しがあっても「自分ではうまく塗れた」のです。経験さえ積めば、勝手に今よりうまくなっていきます。最善を尽くしたのに、それを否定されるような言葉をかけられると、子どもはやる気を失い、もう「やーめた」となり、ぬりえ自体を嫌いになっていきます。

では、どう言えば…？ 子どもが笑顔になる言葉

塗れたね。
カッコよくなったね。
今度塗るときは、
もう少し・・・しようか。
うん!
タノシイ♪
センセイ
みて〜!

著者のひと言

まずは肯定されると、大人でもうれしい気分になります

！ 子どもの心が「こっちを向く」ワケ

仮にどんなに下手な塗り方であっても、とにかく「塗った」のです。その事実は認めてあげたいものです。また、何も塗られていなかった状態から、とにかく少しは色がつき、その絵が確かに「きれいに」「かっこよく」なったのです。そうでないように見えるのは大人の目で見ているからです。そうやって、何らかの点を認めたりほめたりした上で、「今度塗るときは、もう少し・・・だといいね」など、指導なりアドバイスなりをすればいいのです。すると子どもはその言葉を素直に聞き、それを次に塗るときの参考意見にします。大人は、子どもがたとえば空き箱を車に見立てて走らせていると、目を細めてそれを見ることができますが、こと絵に関しては、すぐに不足する点を言ってしまうようです。

冬の日のお散歩中、子どもが「さむ～い」と言ってきました。そんなとき…

NGワード 子どもに、こう言ってませんか？

寒くない、
寒くない！
冬は寒いのは
当たり前なの！
まったく
もう～！
さむ～い。

子どもの言い分

しかられた意味がよくわからないことってよくあるんだ

？ どうしてダメなの？

子どもは、寒く感じたから「さむ～い」と言っただけです。どうしてこんな寒い日に散歩に…とかの苦情や、寒いから上着がほしいなどの要望は何も言っていません。その他、たとえば熱いスープを飲んで「あつい!」と言ったときでも、子どもは熱く感じたから「熱い」と言っただけなのに、「フーフー冷まさないからでしょ!」と言われたり、長く歩いて疲れたから「疲れたぁ」と言ったのに、「もう!　ダメねえ」と言われたり、子どもはただ感じたことを言っただけで、一方的にしかられたり冷たい言葉を返されたりすることがあります。その予想外の展開にあぜんとする子どももいます。何気なく発した心の中の思いを、受け入れられるどころかいちいちしかられたりイヤミを言われたりするのであれば、子どもはその人にはもう思ったことを何も言わなくなってしまいます。

では、どう言えば…？ 子どもが笑顔になる言葉

ほんと、寒いね。
でも、帰るまで我慢できるかな？
がんばろう♪
がんばるー！

著者のひと言

子どもは自分が受け入れられてこそ我慢することを覚えます

！ 子どもの心が「こっちを向く」ワケ

「さむ〜い」という自分の思い（感想）が、「ほんと、寒いね」と否定されることなくそのまま丸ごと受け入れられたことで子どもは満足し、安心します。だからこそ、「でも、帰るまで我慢できるかな?」という言葉にうなずくことができるのです。ここで、子どもの思いを否定する言葉、さらにつらくさせる冷たい言葉を投げかけると、子どもは悲しさが倍増し、我慢どころか、よけいにむずかったり泣いたりします。子どもは自分の言葉や行動が認められ、受け入れられると心が落ち着き、余裕が生まれ、次へ踏み出すことができるのです。自分の思いに共感してくれる人、受け止めてくれる人に対しては信頼感を寄せ、思ったことや感じたことを、他の人には言わなくても、その人にだけは包み隠さず話すようになります。子どもとの関係はそうでありたいものですよね。

まるごと受け入れる

保育者に必要な条件は?と聞かれたら、ほとんどの人が「子どもが好きなこと」と答えます。もちろん正解です。でもそれだけでは保育は務まりません。私は保育者に必要な条件は「子どもが好きなこと」、プラス「子どもに好かれること」だと思っています。

「子どもが好きであること」はクリアしやすい条件ですが、「子どもに好かれる」というのは、なかなか難しいことです。でも保育がうまくいくかいかないかは、実はこの「子どもに好かれるかどうか」にかかっていることが多いものです。これをクリアできている人、つまり子どもに好かれる先生は、保育もたいていうまくいっています。

子どもに好かれる先生というのは、どこに転勤しても子どもに好かれているものです。子どもに好かれる理由はちゃんとあります。子どもに好かれるようなことしか言わず、子どもに好かれるようなことしかしていません。反対に子どもに好かれない先生は、子どもに好かれないようなことばかりをしたり言ったりしています。

一番大きな違いは、子どもの受け入れ方です。子どもに好かれる先生は、子どものすべてをまず受け入れています。子どもをありのまま認めることから始めるので、子どもを否定するような言葉をすぐに言ったりはしないのです。注意して聞いているとよくわかりますが、子どもが心地よくなる言葉、うれしくなる言葉を次々に言っています。

片や、子どもにあまり好かれない先生というのは、まさにダメ出し言葉のオンパレード。子どもが何をしても言っても怒っています。怒るということは、それを認めないということです。

人は、自分のことを認めてくれる人を好きになります。すぐに否定する人を好きになるはずがありません。子どものことを否定せず、認めることが大切ということはだれでもわかっています。でも親を含め、できているようでできていないのが、それです。

この第1章では、「子どもを認める」、「まるごと受け入れる」とは、具体的にはどうすることか、どういう言葉をかけることなのかを、具体的な場面を想定しながら書いてみました。

読んでいただくと、子どもを認めるというのは、「心がけ」といった目に見えないものではなく、具体的な言葉となって表れるということがわかると思います。

子どもは自分が認められると、認めてくれたその人を認めます。子どもは自分が認めた人は好きになり、信頼します。その人の言うことには聞く耳をもつようになるのです。

だから子どもに好かれる人は保育がうまくいくのです。

ん？
あのね……

第2章 満足感を与える

子どもは満足感を味わうと
心が落ち着きます。
心が落ち着くと、行動も
ずいぶん落ち着くものです。

第2章
満足感を与える①

食事中、子どもが「これ残したい」と言ってきました。半分くらいは食べていますが、「いいよ」と言うのも違う気が…。そんなとき…

NG ワード 子どもに、こう言ってませんか？

ダーメ。
がんばって全部食べなさい。
のこしていい…？
ごちそうさま

子どもの言い分

何でもかんでも全部食べろ、と言うのも違うと思うけどな

？ どうしてダメなの？

確かに好き嫌いはよくありませんが、本当にもう食べられないとき、それが食べられないくらい大嫌いなもの、のときに、全部食べるよう言われるのは大人でもつらいものです。大食漢の人、好き嫌いが全くない人にはわからないつらさかもしれません。やっとのことで半分食べたのに、残していいかどうか聞くと、「ダメ」「全部食べなさい」のつれない返事。全部食べてほしい気持ちから言われることが多いのですが、その気持ちは伝わらず、伝わるのはピシャリと否定する、その冷たい言葉だけです。そういうときに最後まで食べさせようとすると、残りを食べ終わるのに、それまでに要した10倍以上の時間がかかることもあります。また、その間に子どもが浴びる言葉は「激励」よりも「叱咤」の方が断然多いもの。それでは子どもは食事に対して楽しいイメージよりも、嫌なイメージを抱き、食への意欲がだんだんと減っていきます。

では、どう言えば…？ 子どもが笑顔になる言葉

じゃあ、この半分だけ食べよう。
うん！ がんばる!!
がんばって～！
あと少し食べたら残していいよ。
著者のひと言

あと少し食べたら残していいよ、の声で結局全部食べた子どももいます

! 子どもの心が「こっちを向く」ワケ

もうこれ以上は食べられないかのように言った子どもでも、そう言われたとたん、張り切って食べだします。「ダメ」と言ったときと正反対の状況になるのです。「じゃあ、あと半分だけ食べよう」も「あと少し食べたら残していいよ」も、結局は食べることを促しているのですが、子どもは、「残していいよ」と言われたのと同じに聞こえ、安心するのです。それでこそ「がんばる気持ち」も起こり、再び食べ始めるというわけです。子どもの食事指導は子どものわがまま（そうではないことが多いのですが）をどこまで認めるかが難しいのですが、そのラインはつい厳しいところ（つまり認めない）に置いてしまいやすいものです。でも、やや甘めのラインからスタートしていく方が、結局は好き嫌いも少なくなり食事もより意欲的に食べられるようになることが多いものです。

第2章 満足感を与える②

砂場で遊ぶため子どもにスコップを配ることに。赤と青の2色があり、子どもは「青がいい」「私は赤」と次々リクエスト。そんなとき…

NGワード 子どもに、こう言ってませんか？

赤でも青でもどっちでもいいの！

子どもの言い分

ちょっとした希望さえかなわないことが、子どもはとても多いんだ

？ どうしてダメなの？

目の前に2種類のものがあれば、好きな方があるのは、当然の気持ちです。そして、それをできるだけ実現させたいと思うものです。人間、希望がかなえられると満足し、心も穏やかになりますが、かなえられなかったときは、不満が残り、ストレスを感じます。ストレスは人間の心の形成、および行動に大きな影響を及ぼします。希望の色を言ったのにわざわざ違う方を渡された子どもは、その不満から、その後の行動に落ち着きがなくなり、そのストレスを発散させんとする動きが見られることがあります。大人ならそんなとき、勝手に好きな方を取ったり、希望を言って堂々ともらったりしています。「どっちでもいいの！」なんて言われることもありません。大人はその程度の希望はいつでもかなっているので、そんなささいな希望さえかなわない子どものつらさがわかりにくくなっているのかもしれません。

では、どう言えば…？ 子どもが笑顔になる言葉

子どもは自分の言うことをよく聞いてくれる人の言うことはよく聞きます

子どもの心が「こっちを向く」ワケ

大人なら勝手に自分でかなえているような、子どもの小さな希望はかなえてあげるのです。すると子どもはその満足感で心が落ち着き、行動も落ち着いていきます。わざわざ希望しない方を渡された子どもは、遊び方などもずいぶん荒っぽくなってしまうこともありますが、希望したものをもらえた子どもは、その満足感で顔も笑顔になり、遊び方もずいぶん落ち着くものです。また、子どもは自分の言うことをよく聞いてくれる人の言うことは、そうでない人の言うことよりもよく聞くようになるものです。たとえば、子どもが希望するものをどうしても与えることができないようなとき、そういう人が、我慢をするように言うと、素直に我慢したりするのです。

第2章 満足感を与える③

子どもが泣いています。それなりの対応やフォローもしっかりしたつもりなのに、なかなか泣きやみません。そんなとき…

NGワード 子どもに、こう言ってませんか？

悲しいから泣いているのに、もっと悲しくなること言わないでね

？ どうしてダメなの？

子どもが泣くのは必ず理由があります。泣いた理由はさまざまですが、ごくささいなことで泣いて、長泣きになる子どももいれば、めったに泣かず、泣いてもすぐにケロっとなる子どももいます。でも、それが個性というもの。すべて丸ごと認めてあげたいものです。泣きやまそうと思ってかけた上のような言葉は、実はなんのフォローにもなっておらず、子どもはそれで泣きやみたくなるどころか、もっと悲しくなりさらに大きな声で泣くこともあります。それらは、子どもに「受容」「容認」などとは正反対の「突き放し」「拒否」を感じさせる言葉だからです。子どもとの関係をより遠ざけるしかり方で、そういう言葉をふだんから使っていると、日常の保育がますますやりにくくなったりすることがあります。

では、どう言えば…？ 子どもが笑顔になる言葉

もう泣かなくていいよ。
もう大丈夫だからね。
ぐすん
著者のひと言

実は私も長泣きでしたが、先生のやさしい対応が今も忘れられません

！ 子どもの心が「こっちを向く」ワケ

泣いている子どもは、やさしくされると泣きやみます。泣いている理由がなんであれ、まず抱きしめてあげると、子どもは泣きながらでもうれしくなり、心が落ち着きます。抱いてくれてたその人に対して安心感や信頼感を持ち、その人の言うことを「聞く耳」がもてるようになります。そこで、そのようなやさしい言葉をかけると、かわいくうなずきながら泣きやんだり泣き声が小さくなったりするというわけです。泣きやむ確率は、しかって泣きやませようとしたときの10倍はアップします。仮に、泣いた理由がその先生にしかられて、であったとしても、その先生にそんな風にやさしくされると泣きやむのが子どもの不思議さです。人間はとにかくやさしさには弱いのです。

第2章
満足感を与える④

よその園の先生が来られたとき、子どもたちが「ねえ、おばさん（おじさん）」と言ってしまいました。そんなとき…

NGワード　子どもに、こう言ってませんか？

もう！ おばさん
じゃないでしょ。
まあ、なんてことを！
ちゃんと先生と
呼びなさい！
おばちゃん
だあれ～？

子どもの言い分

先生って知らなかっただけなんだから怒らないでよ

どうしてダメなの？

その人のことを知っている人こそ「先生」と呼べますが、子どもにとって、知らない年配の人は、みんな「おじさん・おばさん」です。いきなり「先生」なんて言えません。

こんなとき、相手に対する気まずさから、大人はつい子どもをしかってしまいます。でも、子どもは単に知らなかっただけですから、いきなりしかられるのは子どもでも不本意で、そういうときにいきなりしかる人に対しては子どもなりに反感を持ちます。子どもはその人が「先生」であると知っている人には、ちゃんと「先生」と呼んでいるのですから、しからないで教えてあげればいいのです。

では、どう言えば…？ 子どもが笑顔になる言葉

このお客様は
◎◎の先生です。
お名前は△△先生。
みんな△△先生って
言えるかな？
せんせい
こんにちはー!!
著者のひと言

子どもの事情を知らずして、いきなりしかるのはよくありません

子どもの心が「こっちを向く」ワケ

相手には、子どもたちが失礼な呼び方をしたことを軽く詫びます。ご本人ももともとたいして気にしていないので、それでもうその失礼は許されます。その上で、子どもたちに改めて軽く紹介し、「◎◎先生って言えるかな?」と促します。子どもは紹介されたことで親近感と満足感を覚え、そのあとはもう喜んで、「◎◎先生」と呼ぶようになります。私もかつて、何度目かの転勤で新しい保育園に赴任した初日、子どもたちから「ねえ、おじさん」「おじさんだあれ?」などと言われたことがありました。でも、そのときすぐに、「きょうからこの保育園に来た先生なんだ。よろしくね」とやさしく答えると、子どもたちはすぐに「先生」、「先生」と呼んでくれたことを思い出します。

第2章 満足感を与える⑤

子どもが転んですりむいたので、薬を塗って応急処置をしました。でも、子どもは無言で行こうとします。そんなとき…

NG ワード　子どもに、こう言ってませんか？

あら、ありがとうは？
ちゃんとお礼を言わないとダメよ。
おくすり

子どもの言い分

感謝の意味の《ありがとう》は子どもにはなかなか出にくいんだ

？ どうしてダメなの？

こういうとき、ふだんは「ありがとう」をよく言う子どもでも、なかなか言えないものです。言わないのではなく言えないのです。幼児期は「ありがとう」は、直接自分のうれしさや喜びにつながることをしてもらったときにはよく出てきます。でも相手への感謝として言う「ありがとう」は、まだよく理解できていません。そもそも「けがの手当てをしてもらう」程度のことは、子どもにとっては先生がピアノをひく、絵本を読む、くらいの当たり前のことのように思え、感謝の気持ちは沸きにくいのです。だから子どもは、たとえば人に時間を教えてもらったときも、「ありがとう」を言わないものです。何かをもらったときなどに「ありがとう」が言えていれば、この時期は十分及第点を与えていいと思います。

では、どう言えば…？ 子どもが笑顔になる言葉

はい、どうぞ。これでもう大丈夫だからね。
ありがとう！
おくすり

著者のひと言

《ありがとう》は、子どもをうれしい気持ちにさせると自然に出ます

！ 子どもの心が「こっちを向く」ワケ

ありがとうは、無理に言わされるとなるとよけいに言いたくなくなったりするものです。でも、子どもは素直なので、促されると言います。でも、それは言わされただけで、自分から言ったわけではありません。子どもが、《ありがとう》を言うべき場面で言わなかったときは、決して小言を言ったりせず、むしろ、そのとき何かやさしい言葉や態度を添えると、子どもはうれしい気持ちになり、言われなくても自然と「ありがとう」の言葉が出ることが多くなります。特に、「はい、どうぞ」の言葉に弱く、そう言われると子どもは自然に「ありがとう」という言葉を返すことが多いものです。

第2章 満足感を与える⑥

子どもたちに何か質問すると、みんな同時にいろいろ言ってくるので何を言っているかさっぱりわかりません。そんなとき…

NGワード 子どもに、こう言ってませんか？

みんないっしょに言ったら
何を言ってるのかわからないよ〜！
一度に言わないで！
それから
キリン
キ
ゴリラ
さるさん
いぬ
せんせ〜
しまうま
あたしも

子どもの言い分

質問に答えただけなのにな

どうしてダメなの？

先生にとっては、「みんなが同時に答えて、聞き取れなくて困った」状況であっても、子どもは決して先生を困らせようとしてしたことではなく、聞かれたから答えただけです。「みんないっしょに言った」わけでも「一度に言った」わけでもありません。先生に子どもを否定する気持ちはなくても、その言葉は子どもをありのまま受け入れていることにはならず、子どもも自分のしたこと言ったことが、またひとつ否定されたように感じます。また、もし「何か聞かれても一度に答えてはいけない」ことがインプットされれば、律義な子どもは「じゃあ、これからは聞かれてもとりあえず何も言わないようにしよう」となっていくかもしれません。

では、どう言えば…？ 子どもが笑顔になる言葉

聞き取れた言葉だけでも
ひろって言います。

子どもが同時に元気に発言するクラスは生き生きしています

！ 子どもの心が「こっちを向く」ワケ

子どもたちが一度に言ったとしても、その中で聞き取れた言葉は必ずあるはずです。その聞き取れた分だけを復唱するのです。子どもはまずそれで満足します。そのあとで、「でも、みんないっしょに言ったら先生わからないなあ」などの言葉を言うのです。ひと言めから子どもを否定する言葉を投げかけるのと、それとでは大きな違いがあります。何より子どもたちは「先生は一生懸命聞き取ってくれた」という満足感をもちます。先生に何かを聞かれても、すぐに答えず、無言で手をあげ、指名されたら答える、というのが出来るのは小学生になってからです。何も言われなくてもいつもそうする幼児がいたとしたら、かえって怖いような気もします。

第2章 満足感を与える⑦

合奏遊びをするとき、すぐに人の楽器をやりたがったりうらやましがったりする子どもたち。そんなとき…

NGワード 子どもに、こう言ってませんか?

あなたの楽器はこれでしょう。
これでいいの！
人の楽器は触りません！
ちぇっ
まだ?
イヤダ
あたまで
ならせるよ

子どもの言い分

人のものがよく見えるのは大人も同じじゃあ?

? どうして ダメなの?

子どもは楽器遊びが大好きです。どの楽器も、その形・音色・鳴らし方などすべてが魅力的です。本当は、どの楽器も好きなのですが、合奏遊びなどで、楽器の担当が決まると、仮にそれが自分で選んだ楽器であっても、つい、お友だちの楽器が魅力的に思え、自分もやりたくなってしまうのです。そこで大切なのは、その気持ちをわかってあげること。子どもなら誰でもそうなって当たり前、と思い、まずその気持ちを認めてやり、少なくともそれを否定する言葉やしかり言葉はいうべきではありません。子どもはまたひとつ否定され、自信と意欲をなくしてしまいます。

では、どう言えば…？ 子どもが笑顔になる言葉

やりたい楽器に
行きましょう～。
どれにしよう
タンバリンにしよっ♪
いっしょにたたこう!
うん♪
たんばりん
すず
とらいあんぐる
タイコやろっと
ハイ!
はい、交代。
その次にやりたかった楽器に
行きましょう。
著者のひと言

子どもは《満足感》を味わうと意欲をもって動きだします

！ 子どもの心が「こっちを向く」ワケ

まずは、フロアーにいろんな楽器を並べ、好きな楽器を取らせます。そのとき、必ず全部の楽器ができることを伝えておくと取り合いがなくなります。先生はピアノで2、30秒で終わる簡単な曲を弾き、子どもたちに自由な合奏を楽しませます。それを何度も繰り返してから、所定の楽器を持たせた合奏練習なりを行なうというわけです。子どもは鳴らした時間がたとえ30秒でも、「やりたかった楽器ができた」という満足感を覚えます。5分もあれば30秒ずつ5、6回は交代ができ、もう全員がほとんどの楽器をさわれたことになります。その満足感で子どもは何の心残りもないまま、安心して?自分の担当楽器を行なうようになります。やってみたら、たいした魅力もなかったと思う楽器もけっこう多く、かえって自分の担当楽器に愛着をもったりもします。

第2章 満足感を与える⑧

乳児に紙芝居を読んでいると、すぐに紙芝居を触りに来る子どもがいます。そんなとき…

NGワード 子どもに、こう言ってませんか?

はい、ダメよ。触らないでね。

と言い、読みながら紙芝居を少し持ち上げて子どもが触れないようにする。

子どもの言い分

ちょっと触りたかっただけなのにどうしていじわるするの?

? どうしてダメなの?

乳児が体の中で一番敏感なところは指と舌です。だから何でも触ったりなめたりして確かめようとします。紙芝居でも、子どもにとって不思議や驚きを感じる絵が出てくると、思わず触りたくなってしまうのです。だから、子どもはどの絵も触るのではなく、魅力的な絵が出てきたときだけ触りにきます。ちょっと触ってみたかっただけなのに、触れないように絵を持ち上げたり、子どもを戻したりの「いじわる」をされると、0歳1歳の子どもでも満足感を得られなかったことから、そこで小さなストレスを感じます。すると、何とか触ろうと立ち上がったり、触れなかったさっきのページを探したりの落ち着かない行動をとるようになり、よけいに、混乱を招くことがあります。

では、どう言えば…？ 子どもが笑顔になる言葉

少し触らせて
やってから・・・
はい、じゃあ戻ってね。
今度はそこで見ててね。
うん！
著者のひと言

好奇心からくる小さな望みは、できるだけかなえてあげると子どもは落ち着きます

！ 子どもの心が「こっちを向く」ワケ

そのとき子どもは「ちょっと触ってみたかっただけ」なので、その通り、ちょっと触ると満足します。ほんの数秒でいいのです。満足したら、「もっと触ってもいいよ」と言っても触りません。子どもは満足感を味わうと心が落ち着き、そのあとの指示などにも従う余裕ができます。それで、そのあとの先生の「じゃあ、戻ってね」の言葉にも素直に従うことができる、というわけです。そのとき、触りたがる子どもに、さりげなく触らせてあげるのがコツです。わざわざ「みんなも触ってもいいよ」という雰囲気を作ると、別に触りたくなかった子どもまでが触るようになるので気をつけましょう。

第2章 満足感を与える⑨

花壇に咲いている花を子どもがとってしまいました。そんなとき…

NG ワード　子どもに、こう言ってませんか?

お花をとったらダメでしょ!

だぁれ、お花をとるのは!

おひめさま〜♥
えっ?

子どもの言い分

そういう先生もこのまえ公園でたんぽぽをとっていたよ

? どうしてダメなの?

子どもは、興味を持ったものに近づきます。花をとってしまった子どもは、少なくともその花にひかれたからこそとってしまったのです。花をとらない子どもは、花を大切にする心が育っているのではなく、単に花に興味や関心がないだけかもしれません。そういう意味では、花をとった子どもは花をきれいだと思う、すばらしい感性の持ち主であると言えます。確かにきれいに咲いている花はとってはいけません。でも、子どもの目から見ると、大人の方こそよく花をとっています。野に咲くたんぽぽ、すみれ、れんげや雑草の花。先生が目の前でとって見せに来てくれることもあります。球根のためとは言え、まだ咲き誇っているチューリップを切ることもあれば、朝顔をとって色水を作ることも。あの、赤ずきんちゃんだって、お花摘みをしています。私たち大人は、花は絶対にとってはいけないものというメッセージは案外送っていないのです。なぜ自分がとるとしかられるのだろうと、子どもは混乱しているかもしれません。

では、どう言えば…？ 子どもが笑顔になる言葉

お花さんが痛い痛いって
言うから、お花は
とらないでね。
そっか〜
ごめんね！
はいっ!!

著者のひと言

やさしく注意するとかわいくうなずいてくれる子もいますよ

！ 子どもの心が「こっちを向く」ワケ

たんぽぽ、れんげのように、自由にとっていい花がある限り、子どもを混乱させないためにも「お花をとってはダメ」と、言い切らない方がいいと思います。特に生け花なんて、どうして花をハサミでチョキチョキ切っていいのか子どもは不思議でたまらないものです。また、「ダメでしょ」という言葉を言われると、人は悲しくなり、自分が否定されたと感じますが、「とらないでね」は、「否定」ではなく「お願い」です。そこに大きな違いがあります。「とらないでね」というお願いの前に、「お花さんが痛い痛いって言うから」という、ちょっとした理由を付け加えることで子どもはかなり納得します。その他何でも子どもに注意をするときは、厳しくしかるよりも、簡単な理由を添えてやさしく言う方がよほど効果があります。

第2章 満足感を与える⑩

今日は楽しいクリスマス会。でも子どもたちは勝手なおしゃべりばかりで、先生の話も全然聞いていません。そんなとき…

NGワード 子どもに、こう言ってませんか?

そんなにおしゃべりしていたら、もうサンタさん来てくれないよ。
あっ、もうクリスマス会やめようかな。
おしゃべりしている子にはプレゼントあ〜げない。

子どもの言い分

○○しないと、△△するよ、という言い方は大っきらい

どうしてダメなの?

これでは静かにしなければならない理由が、「サンタが来てくれないから」「プレゼントがもらえないから」となってしまい、その条件がなくなったとたん、必ず騒がしくなります。また、こういう言い方は、単なる皮肉やイヤミにしかなっておらず、指導的な言葉、つまり、じゃあ今どうすべきなのか、ということがその中にまったく含まれていません。何より子どもはいちいちそんな意地悪な条件を出されながらしかられるのがイヤです。「ちゃんと言うことを聞かないとこんな目に遭うよ、こんな罰が待っているよ、それがイヤなら言うことを聞きなさい」というのは虐待の原理です。そういう言い方で子どもを動かす人に対しては、子どもは心が離れていくどころか、基本的な信頼感を持とうとしなくなるので、気をつけないといけません。

では、どう言えば…？ 子どもが笑顔になる言葉

おしゃべりをやめて静かになったらクリスマス会が始まりま〜す。
静かにしていたら、ほら、サンタさんの足音が聞こえてくるよ。
し〜！
静かに待てているお友達にはプレゼントがあります。

著者のひと言

脅しで子どもを動かそうとする人は、それが癖になっているものです

！ 子どもの心が「こっちを向く」ワケ

「静かにしないとサンタも来ないし、もうクリスマス会もやめる」と言うのと、「静かになったらクリスマス会が始まり、サンタもやって来る」と言うのとでは、180度意味が違います。確かにどちらを言っても子どもは静かになるかもしれませんが、前者は単に脅しで子どもを動かしているだけです。そこでは子どもの笑顔は起こりません。一方後者のような言い方なら、子どもはそこに夢や期待を感じ、笑顔になり、その夢を獲得するため自分で努力してそうするようになります。この「○○しないと△△してあげない」という言い方は、私たち大人は子どもによくします。「泣いていると鬼が来るよ」と、その子どもがいちばん恐れていることを言うのも同じです。それで言うことを聞くようになったとしても、単にそんな目に遭うのがイヤでそうするだけなので、その「罰」が待っていないところでは、ますます言うことを聞かない子どもになっていきます。

第2章 満足感を与える⑪

集合写真を撮ろうとすると、子どもたちはあっちを向いたりこっちを向いたりで、なかなかカメラを見てくれません。そんなとき…

NGワード 子どもに、こう言ってませんか？

はい、カメラを見て。
あっち向いて。
こっち向いて。
子どもの言い分

大勢が一度にいろんなことを言わないでえ

どうしてダメなの？

集合写真では、子どもはなかなかカメラの方を見てくれません。そのため、できあがった写真を見てみると、あらぬ方を見ている子どもが必ず数人はいるようです。でも、そうならないようにと、いっしょに並んでいる先生が「カメラの方を見て」などの言葉を発すると、子どもたちは、カメラを見ずに言葉を発したその先生の方を見てしまうことも多いようです。カメラマンが一生懸命「こっち見て!こっち!」と言っても、子どもはその「こっち」が、どこだかわからず、かえっていろんなところを見てしまったりします。子どもにしてみれば、集合写真は、やたらいろんなところから声が飛び交うだけで、それより早く撮ってほしいと思っているかもしれません。

では、どう言えば…?　子どもが笑顔になる言葉

カメラマンが「ハンカチが落ちたあ」と言いながら
ハンカチを頭の上に落として、パチッ!

おっ!
あ!ハンカチが
・・・落ちたぁ!
パチッ!
著者のひと言

子どものいろんな習性を知り、保育に生かしましょう

! 子どもの心が「こっちを向く」ワケ

子どもは何かが落ちることに大変興味を持ちます。たとえば子どもの目の前でハンカチを頭の上に乗せ、「こんにちは〜」と言いながらおじぎしてハンカチを落とすだけで、子どもは大声を出して笑います。壁に飾った作品が突然ヒラヒラと落ちようものなら、ほぼ全員の子どもから「先生!落ちたよ」の声がかかります。そこでカメラマンのハンカチ落とし作戦です。カメラマンはアングルを決め、あとはシャッターを押すだけとなったときに片手でゆっくりとハンカチを自分の頭の上に落とします。子どもはそれがおもしろいのと気になるのとで、見るなと言っても落ちていくハンカチを見ます。ハンカチを見ても、写真は十分にカメラ目線になっています。「あっ!ハンカチが…落ちたあ」などと大げさに言いながら落とすと、より効果がある上、子どもの笑顔の瞬間が撮れます。

第2章
満足感を与える⑫

園に大切なお客様が来られました。でも、子どもたちは知らん顔。さて、そんなとき…

NG ワード 子どもに、こう言ってませんか?

みんな、お客様には
なんて言うの!?
あら、
ごあいさつも
できないの？

子どもの言い分

来園者にはどんな人にでもあいさつなんてできないよう

どうしてダメなの?

園に来た人が先生方にとっては大切な人でも、子どもにとっては単なる来園者のひとりに過ぎません。あいさつをこの人にはしなくていいけれど、この人にはしないとダメなんて、子どもにはわかりません。誰かのお父さんかもしれないし、単に業者のおじさんかもしれないのです。そういう人たちには、子どもはふだんいちいち自分からあいさつをしていないので、今回もしなかっただけです。なのに、そこでいきなりイヤミを言われたり命令調で言われたりすると、子どもでもイヤな気持ちになります。また、すぐにそうやっていきなり自分をしかる人に対しては、ちょっとした反感を抱くこともあります。

では、どう言えば…？ 子どもが笑顔になる言葉

この方は・・・ですよ、
みんな ごあいさつが
できるかな？
こんにちは！
こんにちは！
コンニチハ！

著者のひと言

子どもはいきなり否定的な言葉を投げかけると引いてしまいます

！ 子どもの心が「こっちを向く」ワケ

まず、お客様のことを子どもたちに簡単に紹介し、その上で「みんな、ごあいさつできるかな?」と、質問するように言うと、子どもも納得し、お客様に関心を抱き、素直に笑顔であいさつをするものです。大切なお客さまが来られた時に、言われなくてもあいさつをする習慣をつけさせたいのならば、ふだんからすべての来園者にあいさつをする習慣を子どもにつけさせておき、先生たち自身が来園者に区別をしておかないことが大切です。

第2章 満足感を与える⑬

今日は発表会というその日。本番前の控え室で、子どもにどう言っていますか？

NGワード 子どもに、こう言ってませんか？

お客さんがたくさん見ているから
ふざけちゃダメよ。
セリフ、
ちゃんと覚えているかな？
ど〜しよ〜っ
セリフってなんだっけ？
ドキドキ
え〜とお

子どもの言い分

その言葉でかえって緊張しちゃったよ

？ どうしてダメなの？

音楽あそびや劇あそびなどの発表会直前の控え室では緊張するものです。でも、緊張しているのは実は先生だけで、子どもたちは案外リラックスしていることが多いものです。そのため、子どもはハメをはずしたような行動をとったり騒いだりすることも多いようです。そんなとき、控え室でのその緊張感のなさが本番まで続くような気がする先生は、つい「本番ではふざけないようにね」「ちゃんとやってね」などの「お小言」を言ったりすることがあります。でもそれでは、子どもたちにかえってプレッシャーを与えてしまいます。控え室でまで練習をするクラスもあるようですが、子どもによけいな緊張感や疲労感をもたらすだけでなく、子どもたちは表現の楽しさや緊張感をその時点で味わってしまい、その分本番では気の緩みが出て、かえって失敗することの方が多いようです。

では、どう言えば…？ 子どもが笑顔になる言葉

失敗してもいいからね。
先生が失敗しても許してね。
忘れたら教えてあげるからね。
は～い♪
がんばろ！
は～い♪

著者のひと言

子どもは笑顔になるとリラックスします

！ 子どもの心が「こっちを向く」ワケ

子どもたちは、別に失敗したりセリフを忘れたりすることを恐れているわけではありませんが、先生に「失敗してもいいよ」「（セリフ）忘れてもいい」などと言われると、とてもうれしいものです。何があっても大丈夫という安心感があり、気持ちがリラックスするわけです。おまけに、「先生が失敗しても許してね」なんて言われると、なんだかとても楽しくなり、笑顔まで出てきます。「うん、いいよ」、「ぼくが教えてあげるね」などの楽しいやりとりが生まれ、控え室の中に笑い声がこだまし、和やかな雰囲気になってきます。本番前の控え室に必要なのは、「緊張感」ではなく、「安心感」「リラックス」「笑い声」です。その3つがそろっていると、本番は必ずうまく行きます。

第2章

満足感を与える⑭

子どもにお花の水やりをさせると、同じ花にたくさんかけたり、誰かがやり終えた花にさらにかけたり…。そんなとき…

NGワード 子どもに、こう言ってませんか?

もうダメダメ、かけないで！
そのお花はもういいの！
z…？

子どもの言い分

お水をやりましょうって言われたからやっているのに、どういうこと?

? どうしてダメなの?

子どもにしてみれば、ただお花に水をやりたくてかけているだけなのに、「もういい!」「やらないで!」など言われたら、お花にお水をやること自体が否定されたように思ってしまい、混乱してしまいます。花の水やりは大人でも難しく、花に精通している人の前で水やりをすると、やれ「その花は葉っぱに直接かけるな」だの、「水の勢いが強すぎる」だの、ダメ出しばかり食らい、楽しく水やりができないことがあります。子どもも同じで、せっかくお花にお水をやろうとしているのに、そこで否定的な言葉ばかり投げかけられると、水やりが楽しくなくなり、やがてお花自体にも興味がなくなっていくことがあります。

では、どう言えば…？ 子どもが笑顔になる言葉

お水を飲みすぎたら、お花さんがおなか痛くなっちゃうの。
こっちのお花（または木）にあげてね。
ハーイ
著者のひと言

水やり活動は、もっともダメ出し言葉が出やすい活動でもあります

！ 子どもの心が「こっちを向く」ワケ

子どもにそれ以上の水やりをさせたくないときは「お花がおなかが痛くなるから」のひと言で、子どもは納得します。お水を飲みすぎることとおなかが痛くなることの関係は、自分の経験からもわかるからです。「じゃあこのジョウロのお水は・・・?」となったときは、まだ水やりがすんでいない花を探し、そこまで子どもを誘導してあげましょう。子どもは水をやったかどうかの見分けは難しいからです。なかったときは、木でも雑草でもOKです。とにかく残った水のやり場を教えてあげるのです。子どもはそれで十分満足感を味わいます。お花の水やりというのは、かける場所・量・かけ方などがけっこう難しく、子どもには指示や禁止の言葉ばかりが出やすいものです。子どもは、ただ花に水をやりたいというやさしい気持ちでかけているのですから、その気持ちに応えられる対応を心がけたいものです。

第2章 満足感を与える⑮

パラバルーンで遊びました。みんなでいろんな動きをしているのに、やたら上下にバサバサと動かすだけの子どもが…。そんなとき…

NG ワード　子どもに、こう言ってませんか？

誰ですか！
勝手なことをするのは！
そんなことしないの！
まだ？♪
ボクもしたい…
バサ
バサ
うひゃ〜

子どもの言い分

バサバサしたいのに全然させてくれないんだもん

？ どうしてダメなの？

何かの遊具で遊んでいるときに子どもたちが勝手にしてしまうこと・・・、実はそれが、子どもたちがやりたいことです。その中にこそ遊びのヒントが隠されています。パラバルーン遊びをしているときに、やたらバサバサと振る子どもがいたのなら、それは子どもが「バサバサする動きは楽しいな」「もっとバサバサしたいな」と教えてくれているのです。他の遊具でも同じです。マットを出したときに、すぐに上に寝そべったりジャンプしたりするのは、「マットではそういう遊びがしたい」と子どもが言っているのです。フープを配った直後、勝手に回したり、中に入って持って走ったとしても、それは決して「勝手なこと」ではなく、「こんな遊びができるね」「こんなことがしたいんだ」と教えてくれているのです。しかるどころか、「遊びのヒントを与えてくれてありがとう」と感謝してもいいくらいです。

では、どう言えば…？ 子どもが笑顔になる言葉

はい、じゃあ次はバサバサと動かしてみましょう。
もっとバサバサしてみましょう。
バサ
バサ
バサ
バサ
バサ
これがやりたかったんだよね
著者のひと言

子どもの姿を丸ごと認めると保育のヒントがたくさん見えてきます

！ 子どもの心が「こっちを向く」ワケ

すぐにバサバサしようとするのなら、子どもたちはその動きが好きなのだな、もっとやりたいのだなと思って、その動きを取り入れ、堂々とさせてあげるのです。「はい、次はバサバサしてみましょう」と、先生が急に思いついたように言うのがポイントです。もしも「次は○○くんのようにバサバサ・・・」と言うと、自分も指名されようと、本当に勝手な動きをやりだす子どもが次々と出てきます。「もっと大きくバサバサと・・・」と、飽きるほどさせると、子どもは十分に満足し、今度は違う動きがしたくなり、そのあとの指示に素直に従うようになります。そこで「バサバサはもうしませんよ」と約束しておくと、子どもも十分楽しんだあとなので、その約束もきちんと守ります。でも、パラバルーン遊びは、子どもはあらゆる動きの中でも、激しくバサバサするこの動きが一番好きなようです。

満足感を与える

ある農家であった話です。子牛を牛小屋から出そうと、農夫がヒモを引っ張りました。ところが牛はいやがり、いくら引っ張っても出てこようとはしません。農夫はそこで奥さんを呼びました。今度は二人がかりで思い切り引っ張りましたが、子牛はすごい力で踏ん張り、一歩も出ようとはしません。そこへ孫がやってきました。孫は、自分の親指を子牛にくわえさせると、そのまま小屋の外へゆっくりと歩いていきました。子牛は孫の指をくわえたまま、孫についていくようにしてあっというまに牛小屋の外へ出ていきました…。

これは、相手を自分が望むように動かそうと思えば、相手に満足感を与えるだけでいい。力はまったく必要ないということを物語っています。

牛と比べるのはよくありませんが、子どもも同じです。子どもも満足感さえ味わえば、こちらの思った通りに動いてくれることがとても多いのです。たとえば、お母さんとの買い物の途中で、子どもが本屋さんの店頭でとても興味のある本を見つけたとします。少しじっくり見たい子どもは本屋さんに立ち寄ろうとします。そのとき、子どもに満足感を与えるかどうかで、そのあとの子どもの様子は大きく違ってきます。

「ダーメ」のひと言で強引に手を引かれ、ほんの数秒も見せてもらえなかった子どもは、そのあと泣いたり怒ったり、ずっと機嫌が悪く、母親が笑顔で話しかけても、「フンっ!」といった悪態をついたりします。見たかった本がまったく見せてもらえず、その不満がずっと尾を引き、心が荒れてしまうのです。

片や、「少しだけなら」と本の「立ち読み」につきあってもらった子どもは、ほんの数秒で母親が「そろそろ行くよ」と言ったとしても、ゆっくり見られた満足感でその声に素直に従い、そのあとの買い物にも機嫌よく付き合うものです。母親が笑顔で話しかけるともちろん笑顔で答えます。

子どものちょっとした満足感を満たすには手間も時間もたいしてかからないものです。ほんの数秒から長くて数分です。たとえば子どもを水族館に連れて行くと、すぐに次の水槽に目移りしますが、5秒見せてやるともう満足し、次のものへ興味が移ります。さっきの本屋さんでも、表紙と中味をパラパラっとめくる時間さえ与えてあげれば子どもは満足するのです。

子どもはちょっとした満足感を味わうだけで心が落ち着きます。心が落ち着くと機嫌がよくなり、行動も落ち着き、大人の言うことも素直に聞くようになるのです。

子どもにそんな「ちょっとした満足感」を与えるヒントをこの第2章の中にまとめてみました。

その満足感を与えたときと与えなかったときとでは、そのあとの子どもの動きや行動の違いは、さっきの子牛よりももっと大きいときがあります。おっと、またまた子どもを牛にたとえてしまいました（笑）。

それから
キリン
さるさん
せんせ～
ボクは

第3章
するべきことを具体的に言う

子どもは文句や苦情を言っても動いてくれません。
ただ、するべきことを具体的に言うだけでいいのです。

第3章 するべきことを具体的に言う ①

子どもが大量のお水を流して筆を洗っています。その隣はなんとお水を出しっぱなし。そんなとき…

NGワード 子どもに、こう言ってませんか？

ダメよ、
お水がもったいないでしょ。
えっ？
もたないの？

子どもの言い分

そもそも《もったいない》ってどういう意味？

？ どうしてダメなの？

大人がそれをもったいないと言うのは、「お水はお金がかかるもの」「お水は限られた資源であること」を知っているからです。だから、お水のむだな使い方は、つい「もったいない」と思ってしまいます。でも、子どもにとってお水は単に蛇口をひねると勝手に出てくる冷たい液体にすぎません。お金がかかること、有限資源であることなどは知らないのです。また、「もったいない」は外国にはない概念、日本でも5歳くらいになってやっとわかる、少し難しい概念です。だから、たとえ大人が見て「もったいない」ような使い方をしていても、そこでしかれば、子どもは「大人と同じように、ただお水を出しただけなのにな」と不要な混乱を招き、自分の行為が否定された子どもはまたひとつ自信をなくしてしまいます。

では、どう言えば…？ 子どもが笑顔になる言葉

出すのはもっと少しでいいよ。
お水は使わないときは止めましょう。
ね！
ハ〜イ！

著者のひと言

《もったいないでしょ》は単なる小言。指導ではありません

！ 子どもの心が「こっちを向く」ワケ

お水を使うときは大人は「最低必要量」を「勢いを加減しながら」出しています。お水はその都度そういう微妙な調整をしなければならない、ということを子どもは知らなかっただけなのです。そういう、「もったいない」使い方をしているときこそ、それを教えるまさにいいチャンスです。しかる必要はなにもありません。知らないだけなのだから、教えてあげればいいのです。子どもに教えるときは、具体的にどうするのかを伝えるのがポイントです。そこで「お水はもっと少しでいいよ」と言えば、子どもは素直に蛇口をひねって出る量を少しにします。「使わないなら止めましょう」と言えば、出しっぱなしで行ってしまった子どもは戻ってきて止めます。しからずとも子どもはやさしく教えてあげさえすれば、大人の望んだ通りに動いてくれるのです。

第3章 するべきことを具体的に言う ②

子どもがゴミをその辺にポイと捨てるのを発見しました。そんなとき・・・

NGワード 子どもに、こう言ってませんか?

どこに捨てているの!
だれがそんなところに捨てているの!
ゴミ
子どもの言い分

大人はすぐに疑問文のしかり方をするんだ

どうしてダメなの?

たとえば親子で町を歩いていて、子どもがお菓子のゴミを道端に捨てた場合、ほとんどの親は、上のように言っているようです。でも、よく考えてみると「どこに捨てているの!」「だれがそんなところに捨てるの!」という言葉は、文字にして書いてみると単なる疑問文です。指導めいた言葉はどこにもありません。他にも「どうしてそんなことをするの!」や「何てことをしたの!」など、疑問形でしかるしかり方で伝わるのは、しかった人の感情だけで、その「真意」はまったくと言っていいほど伝わっていません。「いつまで起きているの!」と言われ、「11時」と答えた子どももいるくらいです。ゴミをその辺に捨てた子どもは、「どこに・・・」「だれが・・・」と言われても、何を言われているかわからずキョトンとするだけです。その言葉でさっとゴミを拾って、ゴミ箱に捨てにいく子どもは少ないはずです。

では、どう言えば…？ 子どもが笑顔になる言葉

ゴミはちゃんとゴミ箱へ捨てなさい。
ゴミ
著者のひと言

疑問形で言い合うと大人の場合たいていケンカが始まります

！ 子どもの心が「こっちを向く」ワケ

子どもがしかるべき何かをしたようなときは、するべきこと、してほしかったこと、をストレートに短くポンと言うのがコツです。ただそれだけで、子どもはおもしろいほど言うことを聞くようになります。この場合、その言葉で子どもはさっとそのゴミを拾ってゴミ箱に捨てにいくという、まさにこちらが望んだとおりのことをしてくれるわけです。同じように、たとえば、机に上がっていた場合「どこに上がっているの!」ではなく、「机から降りなさい」、夜ふかしをしているときは、「何時だと思っているの!」ではなく、「早く寝なさい」でいいのです。そのほかは何も言う必要はなく、言ったとすればほとんどの場合、それは「よけいな言葉」となっている場合が多いものです。

第3章
するべきことを具体的に言う ③

歩道のない道を歩いていたら車が近づいてきました。そんなとき…

NGワード　子どもに、こう言ってませんか？

車が来た？ あ、ほんとだ、車が来たね…で？

？ どうして ダメなの？

子どもたちに注意を促すつもりで言ったとしても、「車が来たよ」では子どもには、「車が来た」という事実の情報しか伝わりません。これでは、かわいい子ネコが歩いて来たから「ネコちゃんが来ましたよ」、飛行機が飛んでいるときに言う「飛行機が飛んでるよ」と同じです。そのあとに続く「だからどうしろ」がないわけです。大人は、短い言葉でも、その裏に隠された言葉の真意を探ろうとしますが、それは高度な思考回路を要求されます。子どもにはその言葉だけしか伝わらないのです。「危ない!」という言葉も同じです。大人は「危ない!」と言われると、とにかく何か気をつけることを求められていることを察しますが、言葉通りにしかとらない子どもは、「危ない!」だけでは、大人が単に「危ない」という感想を言っただけのようにしかとらえないのです。

では、どう言えば…？　子どもが笑顔になる言葉

車が来たから、
道の端っこに行きましょう。
危ないから動かないで！
ストップ！
こっち、こっち！
むむっ
ホッ

著者のひと言

言葉の中に具体的な指示言葉があれば子どももそう動きます

！ 子どもの心が「こっちを向く」ワケ

子どもはその言葉で、自分がどうすることを要求されているかがよくわかります。「道の端っこに行きましょう」の指示も、急にそう言われたのでは子どもも不思議がりますが、「車が来たから」という言葉があることにより、3歳の子どもでも納得してその通りに動きます。「危ないから動かないで!」という言葉も、その短い言葉の中に、ちゃんと理由と指示があるので子どもにはわかりやすく、その通りに動くことができます。理由も何も言わずに、「車が来たよ!」の言葉だけで車をよける動きをしなかった子どもをしかる大人もいますが、それでは子どもはなぜしかられたかがわからず、頭の中が混乱してしまいます。

第3章
するべきことを具体的に言う ④

子どもが運ぶ大型積み木が足の上に落ちたり、イスが顔に当たったり、子どもの不注意でそういう痛い目に遭ったとき…

NGワード 子どもに、こう言ってませんか？

痛ーい！○○ちゃん、
ごめんなさいは？
子どもの言い分

とりあえず《ごめんなさい》を言えばいいのね

？ どうしてダメなの？

それがたとえ子どもの単なる過失であっても、その「被害」があまりにも痛かったときはそれを無言でやりすごすことはできず、相手がたとえ2歳の子どもであったとしても謝罪の言葉を求めてしまうことが多いようです。確かに「ごめんなさいは?」と言われると、子どもは「ごめんなさい」と言います。でも、それは単にそう言うよう求められたから言っただけです。仮に「ごめんなさいは?」ではなく、「ありがとうは?」と場違いな言葉を求めても、子どもは（3歳未満ならもう必ず）「ありがとう」と言うはずです。状況がわからないのに、単にその言葉を聞きたいがために言わせた「ごめんなさい」は、子どもの身につかないことが多いものです。次に同じようなことが起こっても、「ごめんなさいは?」と言われないと謝れない子どもになってしまいます。

では、どう言えば…？ 子どもが笑顔になる言葉

当たって痛かったよ。
なんて言えばいいかな？
ごめんなさい
著者のひと言

無理に言わされた言葉は身につかないものです

子どもの心が「こっちを向く」ワケ

被害を被った方がどんなに痛かったとしても、故意にやったのではない子どもは、まず状況がわかっていないことが多いものです。子どもにしてみれば、わけがわからないまま「ごめんなさい」という言葉だけ言わされたことになります。子どもは素直だから謝りますが、大人なら状況もつかめないまま、いきなり謝れと言われても絶対に謝らないはずです。そこで子どもには「今、それが当たった」「だから痛い」程度のごく簡単な状況を伝えます。それで初めて子どもなりにコトの次第がわかり、とにかく自分が相手を痛い目に合わせてしまったということを理解します。そこで「どう言えばいいのかな？」と言われると、子どもなりに何らかの謝罪の言葉を選んで言う、というわけです。自分で考えさせてその言葉を導いたのですから、ちゃんと指導にもなっています。「ごめんなさいは!」と言われ、無理やり言わされたのとでは大違いの結果になっています。

第3章 するべきことを具体的に言う ⑤

遠足で眺望のいい見晴らし台に着きました。でも子どもは景色には見向きもせず、虫を探したり騒いだり・・・。そんなとき…

NGワード 子どもに、こう言ってませんか?

景色がこんなに
きれいなのに
どうして見ないの!
もう!せっかく
つれて来て
あげたのに!
なんでおこってるの?
アリさんのみち
子どもの言い分

景色をよく見ないって、しかられるほど悪いことなの?

どうしてダメなの?

「うわあ、きれい」「あ、海まで見える」・・・。見晴らし台に到着したところ、その景色の素晴らしさに感動するのは大人だけ。子どもは、はやふざけていたり、虫を探して地面ばかりを見ていたり、と景色には見向きもしなかったりします。大人はがっかりと同時に、少し腹が立ち、つい子どもに苦情を言ってしまうことがあります。でも景色に感動する、興味を持つというのは、ある程度人生経験を積んでいないとできないことなのです。だから5歳4歳3歳と下の年齢になるほど、景色への興味は下がっていきます。感動の心がないというのではなく、見ても、それを当たり前に思ってしまうのです。子どもは豪邸を訪れても感動しない代わりに、小さな家を訪れても幻滅しません。おそらく宇宙へ行ってもそれほど感動しないでしょう。すべてありのままを受け取るからです。子どもは景色は数秒見るだけで満足します。しかって無理に長時間見せても仕方がないのです。

では、どう言えば…？ 子どもが笑顔になる言葉

見て！○○が見える！
すごい！電車が走ってる！
ホントだ！
でんしゃ？
みて！
わ〜っ
著者のひと言

子どもに何かをさせたいときは、それをしたくなるように仕向ける。それがイチバン！

子どもの心が「こっちを向く」ワケ

そこに景色が広がっていることを知っているのにじっくり見ないときは、子どもはそれに興味がないということです。無理に誘っても「いい」と言うだけです。景色だけでなく、子どもに何かをさせたいときは、それに興味を持たせるのが一番です。つまり見たくなるように仕向けるのです。「すごい!電車が見える!」。車、鉄橋、踏み切り・・・何でもいいのです。ふだんから子どもが大好きなものを先に発見してそれを言うだけで、子どもは「どこどこ?」と言いながら見に来ます（ただし海や山など、見えて当たり前のようなものには子どもは乗ってきません）。そして自分でそれを見つけられたら大喜びします。そういう小さな経験を積み上げ、景色の中にはさまざまな「発見」や「感動」があるということがわかって初めて、子どもは景色のすばらしさに気づいていくのです。

第3章 するべきことを具体的に言う⑯

散歩に行こうと子どもたちを並ばせましたが、おしゃべりをしたりふざけたりで全然うまく並べません。そんなとき…

NG ワード 子どもに、こう言ってませんか?

並べないならもう行きません。

え~?
ひぇ~っ

子どもの言い分

しかられてばかりで楽しい気分が台なしになっちゃった

どうしてダメなの?

子どもはお散歩が大好きです。ワクワクし、うれしくてうれしくて、気分はハイになります。人間は気分がハイな状態になると笑顔になりついおしゃべりをしてしまうものです。たとえば運動会の保護者競技で、保護者に並んでもらっても同じことが起こります。仮に先生だけの競技をする際でも集合場所に並ぶときは同じことが起こります。大人や先生でも必ずそうなるのです。せっかく今から楽しいことをするのに、そこでさまざまなしかり言葉、否定言葉、イヤミなどを言われたら、大人でも気分があっというまに暗くなり、楽しさが半減しますよね。

では、どう言えば…？　子どもが笑顔になる言葉

はい、おしゃべりをやめましょう。
きちんと手をつなぎましょう。
し～！
暴れません。

著者のひと言

イヤミ言葉を連発する先生ははっきり言って嫌われます

子どもの心が「こっちを向く」ワケ

イヤミなど、いっさい言う必要はありません。今、するべきこととしてはいけないことを具体的に伝えていけばいいだけのことです。おしゃべりをしている子どもには「おしゃべりをやめましょう」。暴れている子どもには「暴れません」。手をつないでいない子どもには「手をつなぎましょう」。そういうときに先生は、しかり言葉は言っても、子どもたちに今するべきことを具体的にきちんと言葉で伝えて指導していることが案外少ないものです。

並べないなら行かないだの、きちんとできない子は置いて行くだのと言うのは、するべきことをまずやさしく何度も伝え、それでも聞かなかったときに、でも遅くはないはずです。

第3章 するべきことを具体的に言う ⑦

食事にとても時間がかかり、毎日、所定の時間までに食べ終わることができません。そんなとき・・・

NG ワード 子どもに、こう言ってませんか？

時計の長い針が〇〇に来るまでに食べてね。

幼児のうちから時間に追われる生活はしたくないなあ

？ どうしてダメなの？

幼児には、時計の針の動きのスピードは感覚としてわかりません。いま仮に長針が6を指し、「9になるまでに…」と言われても、それまでに実際にどのくらいの時間があるか、そのためにどう動かねばならないか、などもわかりません。幼児にとって時計は単に今の時刻を知る機械にしか過ぎないからです。たとえば長針が6で食べ始めたとして「7までに食べてね」と言っても子どもは「はーい」と言います。「5分で食べられるわけないでしょ」という子どもはいません。時間のことを言って効き目があるのは、小学校に行き、自分の行動が時計（時間）で縛られだし、時間というもので何回も痛い目にあう経験をしてからのことです。決して時間を目安にして動いていない幼児のうちは、時計の針の場所で動かそうとしてもまったくむだ、と考えたほうがいいかもしれません。

では、どう言えば…？ 子どもが笑顔になる言葉

早く食べられる方法を具体的に伝える。

お口を
大～～きく
あけて・・・
くっちゃあ～
くっちゃあ～
じゃなくて、
モグモグモグモグ・・・
食べましょう。
あ～ん♪
ぐびぐび
もぐもぐ

著者のひと言

子どもは、笑いが伴う教え方をすると素直に聞きます

！ 子どもの心が「こっちを向く」ワケ

食事が遅くなる子どもは、必ず次の6つのうちのどれかをしています。「食器を持たず、片手で食べる」「ひと口が小さい」「すぐにお箸を置く」「噛むスピードが極端に遅い」「すぐに遊ぶ」「おしゃべりのしすぎ」の6つです。食事が遅くなる子どもには、それをチェックし、その当てはまるものをしないよう個々に具体的に指導するのが一番早い方法です。そのひとつひとつは特に難しいことではないので、時計の針の位置を目標にさせるだけのときとは雲泥の差が出てきます。しかりながら言うのではなく、「こーんな大きなお口で食べよう」と大げさに大きく口をあけて見せたり、「くっちゃあ、くっちゃあ、じゃなくって、モグモグモグモグって早く噛めるかな？」と、「くっちゃあ」のところをわざとゆっくり言い、「モグモグモグ」のところをわざと早く言ったりして、笑いを誘うような感じで、楽しく指導するとさらに効果があります。

第3章 するべきことを具体的に言う ⑧

手洗い場で○子ちゃんは、後ろに長い行列ができているのも知らず、いつまでも手を洗っています。そんなとき…

NGワード 子どもに、こう言ってませんか？

○ちゃん、いつまで洗っているの！
後ろを見て。みんな並んでるよ！

子どもの言い分

みんなが並んでいる？あ、ホントだ。で、それで？

どうしてダメなの？

特に満2歳から4歳くらいまでの子どもは、お水が好きなのと、まわりのことが見えないのとで、後ろに何人並んでいようと、蛇口を独占し、いつまでも手を洗っている子どもがよくいます。そのとき、「いつまで洗っているの」「みんな並んでいるよ」などの言葉で、即座に水道を止めることはまれで、結局、大人が蛇口まで行って水道を止め、子どもをタオルのところまで誘導したりすることが多いようです。小さな子どもには遠まわしに言っても効果はありません。「いつまで洗っているの」という言葉は、何を求められているかがわからず、言った人の方を向くだけで、その行動をやめないでそのまま続けることが多いようです。「後ろを見て。みんな並んでいるよ」という言葉も、大人ならその意味を察し、自分の行動を変えようとしますが、小さな子どもには単純に「みんなが並んでいる」ということしか伝わりません。

では、どう言えば…？ 子どもが笑顔になる言葉

○ちゃん、もう水道を止めなさい。
石けんがついていれば
手についた石けんを洗い流しなさい。

著者のひと言

言葉の中に具体的な指示が伴っていれば、子どもはその通りのことをします

！ 子どもの心が「こっちを向く」ワケ

子どもがその手洗いをやめるためにするべきことは、まず水道を止めることです。そこで、「もう水道を止めなさい」と言うのです。小さな子どもにも理解できる言葉なので、言われた子どもは水道を止めようとします。水道を止めたら、濡れたままの手が気になるので、勝手にタオルのところへ行き、自分で手をふこうとします。水道は自然に次の子どもに交代しています。子どもは、大人がしてほしいこと、するべきことを具体的に言ってあげるだけで、その通りに動くのです。もしも手にたくさんの石けんがついていれば、「石けんを洗い流しなさい」と、これも具体的な指示を与えます。「もう！石けんをそんなにつけて！」などの苦情めいた言葉だけでは、その言葉で石けんを洗い落とそうとはしないので念のため。

第3章 するべきことを具体的に言う ⑨

明日から長いお休みが始まるので、子どもたちを集めていろんな注意をすることに。そんなとき…

NGワード 子どもに、こう言ってませんか?

交通事故や、けがのないように気をつけましょう。
お休みの間にかぜをひかないように。
わからん
どうやって?

子どもの言い分

事故なんて、言われなくても遭いたくないよう

どうしてダメなの?

「事故に遭わないようにしましょう」「健康で過ごしましょう」。夏休みや春休み前の朝礼などでもよく学校の先生の口から発せられる言葉です。でもそれは、単に「事故に遭ってほしくない」「健康に過ごしてほしい」という、先生側の希望を言ったに過ぎません。確かに子どもたちは「はーい、わかりましたー」と元気な返事を返します。でも、その言葉で「よし、じゃあ、事故には遭わないでおこう」と思っても、ではそうならないようにはどうすればいいかがまったくわかりません。大切な「訓示」なのに、言葉が軽すぎるのです。大人の希望しか言ってないからです。本当に子どもたちを事故やけがから守りたいのならば、もう少し具体的なアドバイスがほしいところです。

では、どう言えば…？ 子どもが笑顔になる言葉

車にぶつからないように、気をつけてね。
けがをするから危ないことをしてはダメ。
わかった♪

著者のひと言

それを防ぐためのポイントを具体的に伝えましょう

子どもの心が「こっちを向く」ワケ

事故、特に交通事故に遭わないようにするポイントは「車に気をつけること」。子どもの交通事故の大半が車が原因だからです。子どもに本当に事故に遭ってほしくない、けがをしてほしくないと望むならば、「事故に遭わないように」「けがのないように」と、ただ希望を言うのではなく、気をつけるポイントを絞って具体的に言ってあげると、子どもはその言葉が印象に残り、気をつけるものです。同じように、子どもにかぜをひかせたくないときには、「かぜをひかないように」と、漠然と言うのではなく、「おなかを出して寝ないように」「ちゃんと手を洗いましょう」など、ポイントを具体的に2つ3つ言うだけで、何も言わないときよりもかなりの確率でかぜを防げるものです。

第3章
するべきことを具体的に言う ⑩

誕生会で誕生児に年齢を聞いていくと、あれ？ 5歳なのに「4歳」と言ったり、4歳なのに指を3本立てたり…。そんなとき…

NGワード　子どもに、こう言ってませんか？

あら４歳？ ５歳じゃないの？
（指を３本出した子どもに）
あともう１本よ。
え？
子どもの言い分

（今はまだ）3歳だから3歳と言っただけなのに・・・

？ どうしてダメなの？

月に一度の誕生会は、月の初めや月の真ん中辺りに実施する園が多いようです。ということは、お誕生児の半分の子どもはまだ誕生日が来ていないのです。年を聞かれた子どもは、正直に今の年齢を言っただけです。たとえ明日が誕生日だったとしても、きょうはまだ前の年齢なのです。なのに、そこで、まるで間違ったことを言ったかのように否定されてしまうと、子どもはとまどってしまいます。「誕生日はまだだけれど、誕生会に聞かれているのだから、気を利かして新しい年齢を言う」というのは大人の発想です。その日にまだ3歳だった子どもは、「あなたは4歳でしょ」と言われたことがきっと不思議でたまらないことでしょう。

では、どう言えば…？ 子どもが笑顔になる言葉

（誕生日が過ぎた子には）
何歳になったのかな？
（まだの子には）もうすぐ
何歳になるのかな？
5さい！
4さい～♪

著者のひと言

子どもの姿をありのまま認めてこそ、配慮点が見えていきます

! 子どもの心が「こっちを向く」ワケ

誕生会の日に誕生日が過ぎているかどうかを事前にチェックしておき、それぞれで少し聞き方を変えるだけでいいのです。誕生日が過ぎている子どもには「何歳になりましたか?」と普通に尋ね、誕生日がまだの子どもには「もうすぐ何歳になりますか?」と尋ねるわけです。するとたいていはそれで新しい年を言ってくれます。聞き方を変えると言ってもたった2種類です。誕生会の日に誕生日が来ているかどうかのチェックも簡単なはずです。たったそれだけの配慮で、子どもに混乱を起こさずにすみ、すべてがうまくいくのです。誕生会に子どもが前の年齢を言ってしまうのを見聞きした経験はだれでもあるはず。でもそのとき、それを「子どもの単なる言い間違い」と思っていると、なかなか思いつかない「配慮」でもあります。

第3章 するべきことを具体的に言う ⑪

小さい子どもによくあることですが、みんなが並んでいるときに平気で割り込んだり、堂々と一番前に並んだり…。そんなとき…

NG ワード 子どもに、こう言ってませんか？

はい順番、順番！
順番に並ばないとダメでしょ！
ジュンバン ジュンバン
いちばん前？
どこにしよっかな
い〜れて♪
どこにいけば いいの？

子どもの言い分

わざとしたんじゃないよ。《順番》の意味を知らなかっただけだよ

どうしてダメなの？

小さな子どもは「順番抜かし」や「割り込み」をよくします。でも、決して決まりやルールを破って平気な子どもになってしまったわけではありません。「順番」、そして「並ぶ」ということの基本的なしくみやルールがわかっていないだけです。特に3歳までがそうで、口では「ジュンバンジュンバン」と言いながら、大勢が並んでいるのに平気で一番前に行ったりします。彼らにとって「順番に並ぶ」ところは、単に大勢が集まっているところ、くらいにしか見えておらず、そんな中で自分は早くやりたいから前の方へ行っただけなのです。後ろの方へなんかに行ったら、ずっとそのままで、いつまでたってもできないと思っているのです。まさか一番後ろにつくだけで勝手に前に押しやられていき、いつのまにか自分の番がやってくるしくみになっている、なんて思ってもみなかったのです。

では、どう言えば…？ 子どもが笑顔になる言葉

並ぶって一番後ろに行くことよ。
ここで待っていれば、すぐに○○ちゃんの番になるからね。
うしろ♪
ハーイ♪

著者のひと言

子どもの失敗は、故意ではなく過失によるものが多いものです

！ 子どもの心が「こっちを向く」ワケ

並ぶときに具体的にすることは、その列の一番後ろにいくことです。その連続の結果、整然とした列になるわけです。順番を守れない小さな子どもにはまず、一番後ろに行くと自分の希望が達成するという安心感を持たせていきます。つまり、列の一番後ろに行くだけで、自然に自分の番が近づき、必ず自分の番がやってくるという、並ぶことに対する信頼感を募らせるのです。最初はいっしょに並んでやりながら、「ほら、もうすぐ○○ちゃんの番ですよー」、「はい、次ですよー」などと言いながら、安心感を持たせていくといいでしょう。そのときやさしく対応すればするほど並ぶことのしくみがわかります。「ほんとだ！後ろについただけなのに勝手に自分の番がやってきた」ことが経験として理解できたとき、子どもは言われなくても後ろへ並ぶようになります。それがわかっていて故意に割り込みなどをするときは、もちろん指導します。

第3章 するべきことを具体的に言う ⑫

部屋でも庭でも公園でも、子どもたちは危ないことをよくするものです。そんなとき…

NGワード 子どもに、こう言ってませんか？

危ない？それで？

？ どうしてダメなの？

子どもが危ないことをしているとき、つい言ってしまうのが「危ないよ!」という言葉。それで当たり前と思うかもしれませんが、「危ない」と言うのは、指示言葉でも命令言葉でもなく、その様子を言っただけの、いわば「感想言葉」です。大人は「危ない!」と言われると、自分に何らかの危険が迫ったとみなし、それを防ぐために適切なことをしなければと、そこまで頭が回るかもしれませんが、子どもはそうはいきません。単に「その状況は危ないよ」と言われたに過ぎず、その言葉だけで大人が望む危険回避の行動をさっと取れる子どもはほとんどいません。「危ない!と教えているのだから、それを回避する適切な行動を取って当たり前」というのは、一種の大人の思い上がりです。言葉は言葉通りにしか受け取れない子どもに、危ないときに「危ない!」とだけしか言わないのは、非常に不親切なことなわけです。

では、どう言えば…？ 子どもが笑顔になる言葉

それぞれ、
落ちるからちゃんと（鉄棒を）握りなさい！
落ちたら危ないから（そこから）降りなさい！
ぶつかるから（ブランコに）近づいたらダメ！
（棒を）振り回すのはダメ！
著者のひと言

《するべきこと》を《短い理由》とともに言うと、子どもはその通り動きます

！ 子どもの心が「こっちを向く」ワケ

上のそれぞれの言葉には、1.それが危険であること　2.その理由　3.ではどうすればいいか、が子どもでも理解できる言葉ですべて入っています。とてもわかりやすいので、子どもがその通りのことをする確率は、「危ないよ」とだけ言ったときに比べ、100倍は高くなります。つまり危険が100倍減るわけです。そこまで詳しく言ってもよけいにかかる時間はそれぞれ約1秒です。何より、言葉の中にそれがいけない理由がちゃんと含まれており、頭ごなしに言われてはいないのがいいところです。子どもが素直に従いやすいのです。やや理屈っぽい言葉かもしれませんが、効果はバツグンです。子どもをしかるときは、「短く理由をつける」、「するべきことを言う」を心がけるようにすれば、とっさのときにでもすぐに言えるようになります。

第3章
するべきことを具体的に言う⑬

盆踊りをするため、丸く輪になってもらったところ、ところどころに進行方向とは反対向きに立っている子どもが。そんなとき…

NGワード 子どもに、こう言ってませんか？

どっち向いてるの！
反対でしょ！
?

子どもの言い分

普通にしているだけで怒られることってよくあるんだ。やだな

どうして ダメなの？

盆踊りではみんなが一斉に同じ方向を向いていないと、ひとりでも反対に向いている子どもがいたら確かにぶつかってしまいます。それを防ぐために先生はその子どもを正そうとします。でもそのときに、つい文句や苦情のようにして言ってしまうことが多いものです。ほとんどの子どもが同じ方を向いている中で、逆向きの子どもはそれだけで目立ち、「きっと聞いていなかった」、「みんなと違うことをしている」ように見えてしまうのでしょう。でも、子どもにしてみれば、言われた通りに「並んだ」「輪になった」だけでしかられたことになります。ただ向きが違っていただけで別に悪いことをしているわけではないのです。悪いことをしたという自覚がないときにしかられると、子どもはとても困惑します。

では、どう言えば…？　子どもが笑顔になる言葉

○○ちゃん、反対向いてね。
このまま進んだらお友達とぶつかって
アイタタってなるから反対向こうね。
あっ！ハーイ！

著者のひと言

子どもは笑いの中で教えられたものはしっかりと身につくものです

！ 子どもの心が「こっちを向く」ワケ

その子どもが「逆向き」というのは、こちらの都合から見てのことです。その子は進む方向とたまたま反対に向いて立ってしまっただけで、進む向きさえ違っていたらその子が合っていたのです。いずれにせよ反対を向いていたのは単なる過失です。悪いことをしたわけではないので、苦情や文句を言う必要はありません。相手が大人なら、しかるどころか間違いなく「お願い」として言っているはずです。「このまま進んだら、お友だちとぶつかってアイタタってなってしまうからね」などとユーモアを交えて言うと、子どもはその面白さで笑いながら反対を向きます。しかられながら向きを変えるのとでは大違いです。どんなときでも、子どもを笑顔になってすすんで動くようになる方法は必ずあるのです。

第3章 するべきことを具体的に言う ⑭

大掃除などで子どもに雑巾を渡すと、雑巾は全然汚れていないのに、子どもは少しふいただけですぐに洗いに来ます。そんなとき…

NGワード　子どもに、こう言ってませんか？

まだ、
汚れていないでしょ。
さっき洗った
ところでしょ。
でも‥‥
あらい
た〜い
子どもの言い分

汚れたから洗っただけなのに・・・

どうしてダメなの？

新しい雑巾をもらっても、子どもは少しでも何かをふいたら、それは「汚れた雑巾」と思ってしまうようです。「汚れたのなら洗わなくっちゃ」というわけです。そういえばふだんは少し汚れただけでも、何でも「洗濯もの」になっていますよね。雑巾に関しては少々汚れても、全体が汚れるまで洗わなくていい、ということを知らないだけなのです。だから子どもたちとふき掃除をすると、まるで申し合わせたように、すぐにバケツのところにやってきます。ふいている時間よりも洗っている時間の方が長い子どももいます。汚れたら気になるのです。洗いたくなるのです。ただ「きれいにしたい」という気持ちだけなのに、その行為を否定されると、子どもは洗うこと自体がいけないことであるかのように感じ、またひとつ自分の行動に対する自信をなくしてしまいます。

では、どう言えば…？　子どもが笑顔になる言葉

雑巾のいろんなところが
黒くなったら
洗いに来てね。
ふう〜ん!!

著者のひと言

ただ否定するのではなく、するべきことを具体的に伝えると子どもは理解します

子どもの心が「こっちを向く」ワケ

子どもが雑巾をすぐに洗いに来ないように指導したいのなら、「雑巾はたびたび洗う必要がないこと」「雑巾のいろんなところが汚れたときが洗うタイミング」を教えればいいワケです。それを子どもにわかりやすい言葉で伝えるのです。すると子どもは見事、その通りのことをしてくれます。ポイントは「するべきこと」を伝えていく、ということ。「これくらい?」「まだ、白いところがたくさんあるよ」「もう洗っていい?」「そろそろいいかな?」。そういう楽しいやり取りの中から、自然に洗うタイミングが自分でわかるようになります。つまり指導をしたことになるわけです。「まだ汚れてないでしょ!」「何回洗っているの!」などダメ出し言葉しか与えていなかったときとは、さまざまな点で大違いの結果が生まれてきます。

第3章 するべきことを具体的に言う ⑮

子どもの食事マナーの指導は毎日大変です。おしゃべりしたり、お箸で遊んだり、お行儀が悪かったり。そんなとき…

NGワード 子どもに、こう言ってませんか？

どっち向いてるの！
どうしておしゃべりばかりするの！
お箸で遊んでいるの、だあれ？!
子どもの言い分

しかられても質問形で言われると返事のしようがないよ

？ どうしてダメなの？

食事のマナーの指導は頭が痛いところです。注意してもなかなか改まらず、毎日同じことの繰り返しになりがちです。でも、その都度きちんと指導しているつもりでも、実は、上のように「どっち・・・!」「だれが・・・!」「どうして・・・!」というように、単に質問をしているだけのことが非常に多いものです。「この足はなあに?」「お箸で遊んでいるのはだあれ?」などもよく聞かれます。こういうしかり方をしても、子どもに伝わるのはしかった人の感情のみで、肝心の指導内容は、何も伝わっていないものです。だから毎日同じことの繰り返しになるのです。「どうして・・・」「だれが・・・」「いつまで・・・」という言い方は、人の反感を買いやすい言い方で、むしろ素直に言うことを聞けなくする言い方なので気をつけたいところです。

では、どう言えば…？ 子どもが笑顔になる言葉

お箸で遊ぶのはいけません。
ちゃんと前を向いてね。
おしゃべりしないで食べようね。
著者のひと言

指導とは「文句」ではなく、やるべきことを伝えることです

！ 子どもの心が「こっちを向く」ワケ

食事指導は、ズバリするべきこと、こちらが望むこと、をストレートに言っていくと効果があります。「どっち向いて・・・」「だれがお箸で・・・」は、それぞれ「前を向きなさい」「お箸で遊びません」と、子どもがするべきことに置き換えて伝えるのです。子どもも、どうすべきがわかり、案外その通りにします。また、そういう言い方なら、子どもも「しかられた」とは受け取らず、単に言われただけなので、感情も害さず、素直に従うことが多いものです。「はい、お箸を持って」「横を向いたらダメ」「足を組まないで座りましょう」「ひじはつかないで食べてね」・・・、食事指導は、するべきこととしてはいけないことを毎日具体的に伝えていくと、子どもの頭の中に刷り込まれていき、必ず改まっていきます。

するべきことを具体的に言う

たとえば生まれて初めてテニスを習いに行った人がいたとします。テニスのルールはもちろん、ラケットの握り方さえよくわかりません。それなのに、何かをするたびにインストラクターから、「違う!」「何を聞いていたんだ!」「そんなこと言った?」「またそんなことをしてる!」などとダメ出しばかりを食らったとします。その人はその教室にはもう二度と足を運ばないことでしょう。そして言います。「あんな言い方しなくてもいいのに」「何も知らないんだからもっとやさしく教えてくれればいいのに!」と。

私は子どもは毎日がそんな感じのように思います。

子どもたちが日々大人から言われること、しかられることの大半は、生まれてまだ数年しか経っていないことによる経験不足によるものです。さっきのテニススクールの生徒と同じです。やり慣れていない、もしくはまだ十分に教えられていないことからくる単なるミスなのです。過失と言ってもいいでしょう。

たとえば牛乳をパックからコップに注ぐときに大人はソロソロと入れますが、それはそうしないとこぼれてしまうことを何百回の経験を通して知っているからです。牛乳をコップに注ぐという経験そのものが浅い子どもは、ついドバッと入れてしまいます。そうやるとこぼれやすいということをまだ知らないのです。でも子どもはそれだけでしかられます。経験不足などは理解されず、いま、うまく注ぐことを要求されるのです。

さっきのインストラクターとまったく同じです。そんなときの子どもの気持ちは、そのインストラクターから習う生徒です。「何も知らないんだから、そんな言い方で怒らないでよ」。

ではどうすればよかったのでしょうか。するべきことを具体的に教えてあげればよかったのです。

「牛乳パックは重いから気をつけてね」「牛乳がドバッと出ちゃうから、ゆーっくり少しずつコップに入れてね」。

子どもはその通りにします。さっきのインストラクターも、できないからと言ってしからず、「もっとゆっくり振って」「ひじを伸ばして･･･」「ボールをよーく見て･･･」と、するべきことを具体的に伝えていれば、生徒もその通りのことができたかもしれないのです。

幼児期はまだまだすべての経験が不足している時期です。こちらの望んだようにすぐには動けません。動かないのではなく「動けない」のです。

この第3章には、子どもがしかられて当然のような場面を集めていますが、本当は子どもの経験不足からくるものばかりです。しかることはありません。するべきことを具体的に言うだけでいいのです。たったそれだけで、子どもはおもしろいほど言うことを聞いてくれるのです。

あとがき

この本を読まれた方は、きっと子どもが大好きな方だと思います。でも、読んでいて耳の痛い話も多くあったのではないでしょうか。本の左側ページに書かれているようなNGワードは誰もが言ってしまう言葉です。それを言わないようにするのは簡単です。子どもが大好き、子どもを大切にしたい、笑顔にしたい・・・ふだんからあなたが持っているその気持ちをそのまま言葉に込めるだけでいいのです。NGワードは自然になくなり、代わりに子どもを笑顔にする言葉が次々と出てくるはずです。子どももきっとあなたの方ばかりを向くようになるはずです。

<著 者>
原 坂 一 郎（はらさか　いちろう）

元保育士、保育・子育てアドバイザー
1956年神戸に生まれる
関西大学社会学部を卒業後、独学で保育士資格（当時は保母資格）を取得。当時珍しい男性保育士となり、2004年までの23年間、神戸市立保育所に勤務。笑いのある楽しい保育をモットーにしながら特技のピアノ・運動・絵を生かしたそのユニークな保育で、マスコミからは「スーパー保育士」と呼ばれていた。
現在
KANSAIこども研究所所長（078・881・0152）
子育て支援NPO法人「ぽかぽかはうす」理事長
日本笑い学会理事
ひょうご男性保育者連絡会代表

著書『育児と保育の裏ワザ50連発』（中経出版）
　　『子どもがこっちを向く指導法』（ひかりのくに）など

ひかりのくに保育ポケット新書②
子どもがこっちを向く「ことばがけ」
～みんなが笑顔になる45のヒント～

2007年 4 月　初版発行
2010年 8 月　18版発行

著　者　原坂一郎
発行人　岡本　健
発行所　ひかりのくに株式会社
〒543-0001　大阪市天王寺区上本町3-2-14　郵便振替00920-2-118855　TEL.06-6768-1155
〒175-0082　東京都板橋区高島平6-1-1　郵便振替00150-0-30666　TEL.03-3979-3112
ホームページアドレス　http://www.hikarinokuni.co.jp

印刷所　図書印刷株式会社

Printed in Japan
ISBN978-4-564-60732-5
NDC376　112P　17×10㎝